Wolfgang Swat

Die Schneeleiche von Lübbenau

und zwölf weitere authentische
Kriminalfälle aus der DDR

Bild und Heimat

Von Wolfgang Swat liegt bei Bild und Heimat außerdem vor:

Die gepfählte Frau und zwölf weitere Verbrechen (2015)

ISBN 978-3-95958-055-7

1. Auflage
© 2016 by BEBUG mbH / Bild und Heimat, Berlin
Umschlaggestaltung: fuxbux, Berlin
Umschlagabbildung: © photolike, shutterstock; © Robsonphoto, shutterstock
Druck und Bindung: GGP Media GmbH, Pößneck

Ein Verlagsverzeichnis schicken wir Ihnen gern:
BEBUG mbH / Verlag Bild und Heimat
Alexanderstr. 1
10178 Berlin
Tel. 030 / 206 109 – 0

www.bild-und-heimat.de

Inhalt

Der Frauenschwarm

Es ist Freitag, der 1. Juni 1990. Der Tag verspricht für Brandenburg an der Havel herrliches vorsommerliches Wetter. Die Sonne scheint schon morgens, ihre Strahlen wärmen und locken hinaus ins Freie. Am Himmel ist kaum ein Wölkchen, hinter dem sie sich verstecken könnte. Jürgen Kort hat zwar wenig geschlafen, doch im Bett hält es ihn trotzdem nicht mehr. Der Kopf brummt, denn in der Disco letzte Nacht haben er und seine Freunde doch einige Büchsen Bier »ausgetrocknet«. Die Pyramide, die aus den geleerten Büchsen auf dem Kneipentisch entstanden war, hatte jedenfalls eine ansehnliche Höhe.

Kort, der in diesem Monat seinen dreiundzwanzigsten Geburtstag feiern wird, treibt es zum »Kopfauslüften« aus Bett und Haus. Er ist mit einem T-Shirt und einer blauen Jeanshose bekleidet, deren Hosenbeine er eigenhändig abgeschnitten hatte. Das Aufstehen musste sein, trotz des »Katers«. Er will unter Leute, muss gesehen werden.

Der junge Mann nimmt Kurs auf das Marienbad, trifft dort Kumpel Steven. Der Kaffee, den sie trinken, soll die Geister in den Köpfen vertreiben. Bei Steven wirkt er allerdings nicht belebend. Ihn zieht es wieder nach Hause. Allein gelassen, hat Kort keinen »Bock« mehr auf das Bad. An der Regattastrecke auf dem Beetzsee kennt er lauschige Plätzchen, auf denen man abhängen und den Gedanken freien Lauf lassen kann. Auf dem Weg dorthin kauft er sich eine Schachtel Zigaretten, eine Flasche Bier und ein Päckchen Rasierklingen. An der Regattastrecke in Höhe der Tausend-Meter-Marke ist eine der kleinen Badebuchten. Baden ist hier zwar verboten, doch wen stört das schon. Jetzt, um die Mittagszeit herum ist nur vereinzelt mal ein Boot zu sehen. Später wird das anders sein. Die Regattastrecke hat unter Wassersportlern einen guten Ruf. Zahlreiche nationale Meister, Weltmeister und Olympiasieger der DDR haben sich auf dem Beetzsee Kraft, Ausdauer und Geschicklichkeit für ihre sportlichen Erfolge erarbeitet. Zwar wurde schon seit den 1880er Jahren in Brandenburg an der Havel gerudert, doch der legendäre Ruf verbreitete sich erst ab 1967 in der Wassersportwelt, als der Bau einer modernen Rennstrecke am Westufer des Sees beschlossen wurde.

Kort sucht sich ein Plätzchen, zieht Jeans und T-Shirt aus und legt sich, mit einer bunten Badehose bekleidet, in die Sonne. Die Arme sind hinter dem Kopf verschränkt. Auf der Insel gegenüber bemerkt er durch die halbgeschlossenen Augen ein paar Sonnen- und Badegäste. Der junge Mann döst vor sich hin, doch Ruhe findet er nicht. Er raucht hin und wieder eine Zigarette der Marke »Marlboro«. Die gibt es jetzt in der DDR, und die schmecken natürlich viel besser als die Tabakstrünke von »F6« oder »Juwel«. Alle möglichen Gedanken beschäftigen ihn. In letzter Zeit, das muss er sich eingestehen, ist eine Menge schiefgegangen. Das hat auch mit der Wende in der DDR zu tun. Seit ein paar Wochen ist er arbeitslos. Sein Chef in der Veranstaltungsagentur hat ihn rausgeschmissen. Angeblich, weil er nachts in den Räumen der Agentur, wo er als Ordner und wegen seines handwerklichen Geschicks – als gelernter Instandhaltungsmechaniker – angestellt war, eine Frau geschlagen und vergewaltigt haben soll. Kollegen hatten ihn morgens schlafend im Flur angetroffen und in unmittelbarer Nähe einen Blutfleck, einen Rock und zwei Kettchen bemerkt. Es war in der Nacht hoch hergegangen in der Disco, und das letzte Bier war bestimmt schlecht, dass ihm übel geworden war. Mit dem Mädchen, da ist er sich sicher, war aber nichts Ernstes, und das hatte er auch beteuert. Jedenfalls konnte er sich an nichts erinnern. Das Ermittlungsverfahren wurde ja auch eingestellt. Trotzdem wurde er gefeuert.

Dabei war die Agentur sein Ein und Alles gewesen. Schließlich hatte er lange im Jugendklub, mit dem sich der Chef nach der Wende selbständig gemacht hatte, mitgearbeitet, Tage und Nächte dort verbracht. Das sollte nun nichts mehr zählen?

Na gut, da war noch die Sache mit Trixi, seiner Verflossenen. Wenn er nur daran denkt, könnte er vor Wut platzen. Trixi hatte sich bei seinem Chef beschwert, weil er keinen Unterhalt für sein Kind bezahlt. Dabei hatte sie ihn mit dem Balg reingelegt, hatte gesagt, dass sie die Pille nehme, und ist dann trotzdem schwanger geworden. Und das bei lediglich zweimal Geschlechtsverkehr. Da war sie doch selbst schuld. Für die Verhütung sind nun einmal die Frauen zuständig, und wenn es schiefgeht, müssen sie sich eben das Kind wegmachen lassen. »Das ist meine Einstellung, und daran gibt es nichts zu rütteln. Das habe ich ja zu allen Mädchen gesagt, die ich gebumst habe. Und das waren nicht gerade wenig«, schmunzelt er in sich hinein. »Ich gehe mit ihnen ins Bett, und danach können sie gehen. Punkt. Aus. Feierabend.«

Er weiß, dass er gut aussieht, so rank und schlank und sportlich gebaut, mit 83 Kilogramm Muskelmasse verteilt auf 1,85 Meter Größe von Kopf bis Fuß und mit seinen schwarzen Haaren. Doch manchmal können einen die Weiber auch nerven mit ihren sentimentalen Phantasien. Erst vor ein paar Tagen war ihm die Moni auf die Ketten gegangen, hat nach dem zweiten Mal Sex gleich vom Zusammenbleiben, gemeinsamer Wohnung und einem Kind gefaselt. Das hätte ihm noch gefehlt. War schon genug, dass ihm die Trixi wochenlang hinterhergerannt und Mutti auf den »Kasten« gegangen ist, weil er sie verlassen hat. »Mich hat sie ja nicht erwischt, ich bin immer gleich abgehauen. Das Gequatsche von Kind, Vatergefühlen, Verantwortung, Liebe und fester Beziehung ist mir echt an die Nieren gegangen. Schule, Lehre und drei Jahre Armee liegen endlich hinter mir, und da wollte mich die Trixi mit ihrem Kind festnageln.«

Bei Isabell, das gibt Kort innerlich zu, hat sich das anders angefühlt. Vor ein paar Tagen hatte er die Rechtsanwältin kennengelernt. »Hübsch ist sie, und klug. Mit der hätte es was werden können«, gerät er ins Schwärmen. »Was soll's«, wischt er die Erinnerung beiseite. »Ich werde jetzt erst mal das Leben genießen, und dann ist irgendwann Schluss.« In der Tasche der Jeans, die ihm als Kopfkissen dient, spürt er die kleine Packung Rasierklingen. Die Insel, das wäre der richtige Ort für sein Vorhaben. Dorthin könnte er schwimmen und … Wären bloß die Leute nicht!

Über das Grübeln sind die Stunden vergangen. Es ist achtzehn Uhr. Die Sonne wärmt längst nicht mehr so kräftig. Er zieht sich die Sachen über, wirft die leere »Marlboro«-Schachtel in die Büsche, tritt die ausgetrunkene Flasche »Graf Arco«-Bier hinterher und macht sich auf den Heimweg. Eilig hat es Jürgen Kort nicht. Warum auch? Heute will er nicht mehr weg. Und daheim schimpft die Mutter sowieso.

Etwa zur gleichen Zeit, als Jürgen Kort am Strand des Beetzsees seine Sachen packt und aufbricht, geht Janine Maurer in der Marktstraße in Brandenburg an der Havel die vier Etagen hoch zur Wohnung von Liane Heuberg. Die beiden Frauen, Mitte zwanzig, sind seit vielen Jahren Freundinnen. Sie haben sich verabredet, wollen die Havelfestspiele besuchen. Das Wochenende steht bevor, da können Trubel und Unterhaltung ruhig etwas länger dauern. Oben angekommen, dreht Janine am Knauf der Wohnungstür. Die ist nicht verschlossen. »Da brauch ich wenigstens nicht nach dem Schlüssel in der Handtasche kramen«, freut sie sich. »Liane wartet bestimmt schon ausgehfertig auf mich.«

An der Garderobe hängen zwei Handtaschen der Freundin, von der aber nichts zu sehen oder zu hören ist. Janine geht den Korridor entlang, von dem aus links die Tür zum Wohnzimmer abgeht. Im Wohnzimmer ist niemand. Geradeaus befindet sich das Schlafzimmer. Sie kennt sich hier aus, hat schon oft bei Liane übernachtet. Manchmal waren auch noch Jungs dabei. »Na und«, denkt sie, »wir sind ja schließlich jung.« Als Janine die Tür zum Schlafzimmer aufklinkt und hineinsieht, fallen ihr Beutel und Tasche aus der rechten Hand. Geradeaus, auf dem Fußboden, zwischen Ofen, Schrank und Bett entdeckt sie ihre Freundin. Eine Bettdecke ist quer über sie gelegt, Kopf und Oberkörper sind darunter versteckt. Nur der linke Arm guckt heraus. Unterkörper und Beine sind unbekleidet, Hausschuhe sind nicht zu sehen.

»Auf den ersten Blick sind mir im Zimmer keine Veränderungen aufgefallen. Alles war in einem Zustand, wie ich ihn sonst auch kannte«, gibt sie später bei der Polizei zu Protokoll. »Als ich sie so liegen sah, habe ich ihr das Federbett vom Kopf weggerissen. Vom Kopf bis zur Brust war sie blau angelaufen. Ihre Hände waren weiß, auch das Gesicht war auffallend weiß. Sie war völlig unbekleidet. Der Kopf lag auf der linken Wange.«

Janine rennt eine Treppe tiefer zur Nachbarin, um Hilfe zu holen. Der herbeigerufene Arzt kann nur noch amtlich bestätigen, was auch für Janine augenscheinlich, aber nicht begreiflich ist: Liane, die gestern noch putzmunter war und mit der sie zu den Havelfestspielen wollte, ist tot. Und das, wie sich später herausstellt, schon seit vielen Stunden. Das Opfer ist in seinem Schlafzimmer getötet worden. Daran haben die Kriminalisten der herbeigerufenen Morduntersuchungskommission (MUK) nach der ersten Tatortbesichtigung kaum Zweifel. Unklar bleibt das Motiv, wobei ein sexueller Hintergrund anhand der Spurenlage auf der Hand zu liegen scheint. Die MUK firmiert wendebedingt inzwischen zwar offiziell als erstes Kommissariat im Bezirkskriminalamt Potsdam (früher Bezirksbehörde der Volkspolizei, BdVP), aber deswegen haben sich die Abläufe nach der Entdeckung einer Gewalttat nicht verändert, sind nicht anders als all die Jahre zuvor.

Die Kriminaltechniker, die zunächst das Kommando in der Wohnung von Liane Heuberg übernehmen, suchen Zentimeter für Zentimeter das Schlafzimmer ab und sichern mögliche Spuren. Am Ende listet das Untersuchungsprotokoll mehr als hundert Spuren auf. Darunter sind Faseranhaftungen, etwa am Bettkissen und der Kleidung der Toten, ebenso wie menschliche Sekrete und Anhaftungen an der Leiche oder daktyloskopische Spuren am Ofen, an Tür, Fenster und Einrichtungsgegenständen. Aufschluss erhoffen sich die Ermittler besonders von Flecken auf dem hellblauen Spannbettlaken, die auf einen vollzogenen Geschlechtsverkehr schließen lassen.

Die Obduktion in der Gerichtsmedizin bringt die letzte Gewissheit: Liane Heuberg wurde ermordet. Am Hals diagnostizieren die Pathologen eindeutige Male, die darauf hindeuten, dass der Täter die Frau mit beiden Händen erwürgt haben muss. Hinzu kommen Wunden im Gesicht, die mit großer Sicherheit von Schlägen herrühren. Auf dem Rücken finden die Ärzte Einblutungen im Unterhaut-Fettgewebe. Der Täter hat das Opfer wahrscheinlich von hinten erwürgt, schließen sie daraus. Als Todeszeitpunkt wird die Zeit am 1. Juni 1990 zwischen ein und vier Uhr morgens genannt.

Parallel zur Spurensicherung beginnen erste Personenermittlungen. Wichtigste Zeugin ist Janine Maurer. Sie hatte Liane am Tag vor dem Verbrechen bei einem guten Freund getroffen, dem sie gemeinsam mit weiteren Bekannten bei der Einrichtung seiner neuen Wohnung helfen wollten. Aus dem Hausputz wurde allerdings nichts, es blieb bei einer Kaffeerunde und bei der Verabredung, in der Gaststätte *Bellevue* etwas zu Abend zu essen. Das Angebot aber war mies. Außer Soljanka, die auch noch recht dünn war, gab es nichts. Man zog von Kneipe zu Kneipe, aber überall war die typische Donnerstagabend-Langeweile-Stimmung. »Dann haben wir von einem Kellner erfahren, dass im *Philipp Müller* Disco sein soll. Da sind Liane, ich und noch drei Jungs dann gegen 22.30 Uhr hin. Im Gartenlokal war tatsächlich Tanz, es waren schon Leute da, und es kamen im Laufe des Abends immer mehr. Irgendwann erschienen fünf Männer, von denen ich nur einen Jürgen Kort kannte. Den hatte ich ein paar Tage zuvor getroffen, und die Liane hat den auch gekannt«, berichtet Janine Maurer. Sie nennt den Kriminalisten die Namen und Adressen weiterer Bekannter, und wie bei einem Puzzle entsteht aus den Schilderungen der Zeugen ein Bild vom Abend in der Diskothek *Philipp Müller*.

Es ging offensichtlich hoch her, vor allem an dem Tisch von Kort und seinen Männern. Bierbüchse um Bierbüchse wurde beim »Kampftrinken« geleert. Am Ende mögen es sechzig Büchsen gewesen sein, die zu einer Pyramide aufgestapelt waren. »Einmal kam Jürgen an den Tisch, an dem ich mit Liane saß, und hockte sich auf deren Stuhl. Die war gerade auf der Toilette. Als sie zurückkam, setzte sie sich bei Jürgen auf den Schoß. Später hat sie mir gebeichtet, dass sie mit dem vor ein paar Tagen etwas hatte«, erinnert sich Janine Maurer bei ihrer Zeugenbefragung. »Ich bin dann mit meinen Bekannten gegangen, das muss nach Mitternacht gewesen sein. Liane ist geblieben. Wir hatten uns für den nächsten Abend zu den Havelfestspielen verabredet. Als ich ging, war auch der Jürgen Kort noch da.«

Weitere Ermittlungen ergaben, dass Jürgen Kort gegen drei Uhr morgens gemeinsam mit dem späteren Opfer die Disco verließ. Er rückte in das Feld der dringend Tatverdächtigen. Zumindest könnte er ein wichtiger Zeuge sein.

Jürgen Kort bestreitet bei seiner Befragung im Zuge der Mordermittlungen auch gar nicht, dass er mit Liane zusammen war. »Die Liane hatte ich schon am Wochenanfang in einer Disco angemacht. Die war echt nett, hatte eine gute Figur und war niedlich anzusehen. Sie war mit einer Freundin da und ich mit einem Kumpel. Wir haben geredet und sind dann bei Liane in der Wohnung gelandet. Eigentlich wollte ich ja nicht mitgehen, denn ich hatte am Freitag Isabell kennengelernt. Die ist Rechtsanwältin, ist hübsch und hat echt was drauf. Die hat mich interessiert.«

»Sind Sie trotzdem mitgegangen?«, fragt die Vernehmerin, Kriminalhauptkommissarin Rita Fink.

»Ja, das hat sich halt so ergeben.«

»Hatten Sie Geschlechtsverkehr?«

»Ja, mit Liane. Wir Jungs hatten uns in die Betten gelegt. Liane kam zu mir, und die Freundin ist zu meinem Kumpel. Aber verabredet hatte ich mich nicht mehr mit ihr. Das mache ich eigentlich nie. Außerdem war da ja die Isabell, die ich echt wollte.«

»Da war das erneute Zusammentreffen in der Disco also Zufall?«, lässt die Polizeibeamtin nicht locker.

»Ja.«

»Die Disco haben Sie dann gemeinsam verlassen?«

»Ja. Das Haus, in dem Liane wohnt, liegt auf meinem

Heimweg. Da bin ich mitgegangen. Als wir davor standen, hat sie mich überredet, mit hochzukommen. Ich wollte ja eigentlich nicht. Ich war ganz schön betrunken und hatte keine Lust auf Geschlechtsverkehr. Außerdem sollte Isabell nichts erfahren.«

»Warum haben Sie sich dann überreden lassen?«, will die Polizistin wissen.

»Wir wollten noch einen Kaffee trinken.«

»Haben Sie auf dem Heimweg Zärtlichkeiten ausgetauscht?«

Jürgen Kort schüttelt den Kopf. »Daran kann ich mich nicht erinnern. Oben haben wir auf alle Fälle im Wohnzimmer geraucht. Zärtlichkeiten gab es zu dieser Zeit nicht. Sie ist dann mal kurz rausgegangen, und als sie wiederkam, hatte sie etwas weniger an, irgendwas Dunkles, aber keinen Rock mehr. Wir sind ins Schlafzimmer, haben uns geküsst, ausgezogen und nackt ins Bett gelegt. Ich hatte noch meinen Schlüpfer an. Den hat sie mir ausgezogen und weggeworfen. Dann hatten wir Geschlechtsverkehr. Richtig bei der Sache war ich aber nicht. Nach dem Samenerguss bin ich aufgestanden, habe mich angezogen und bin nach Hause gegangen. Lange hat das nicht gedauert.«

Die Kriminalistin, die ihn befragt, schaut Jürgen Kort eindringlich an. »Woher haben Sie eigentlich die Kratzer im Gesicht und am rechten Unterarm?«, will sie wissen. Die Wunden hatte sie längst entdeckt, sich die Frage aber bis zum Schluss aufgehoben.

Kort hat dafür eine simple Erklärung. Er berichtet von seinem Badeausflug an die Regattastrecke auf dem Beetzsee, bei dem er seinen Kopf »auslüften« wollte, und über eine tätliche Auseinandersetzung, die er dort hatte. »Es muss so gegen fünfzehn Uhr gewesen sein. Ich war im Wasser und sah eine männliche Person, die sich an meinen abgelegten Bekleidungsstücken zu schaffen machte. Ich habe eilig das Wasser verlassen und wollte die Person zur Rede stellen. Es kam zwischen uns zu einer kleinen Rangelei. Der Mann konnte sich losreißen und flüchten. Danach habe ich die Kratzer im Gesicht und an den Armen bemerkt.«

»Warum haben Sie das nicht gemeldet?«

»Es war ja nichts weg von meinen Sachen, und passiert ist sonst nichts.«

Die Beschreibung des Kontrahenten, die Kort abliefert, ist dürftig: »Der war plötzlich da und hatte nur eine dunkle Badehose an. Er war schlank, hatte schwarze Haare und einen Oberlippenbart. Er war etwas jünger als ich, vielleicht zwanzig oder einundzwanzig Jahre alt.«

Gemeinsam mit Kort fahren Kriminalisten an den Beetzsee, um sich die Badestelle zeigen zu lassen, an der er gelegen hat. Dort werden mehrere Zigarettenkippen und eine leere Zigarettenschachtel der Marke »Marlboro« sichergestellt. Die Bierflasche, die er dort hinterlassen haben will, wird nicht gefunden. Ein Zeuge, der mit seinem Hund unweit der Badestelle am See war, bestätigt später anhand eines Lichtbilds, dass er Kort gesehen hat. Andere Personen habe er nicht bemerkt, auch nicht zu der fraglichen Zeit gegen fünfzehn Uhr.

Unmittelbar nach der ersten Befragung wird Jürgen Kort am Vormittag des 3. Juni, also zwei Tage nach dem

Mord an Liane Heuberg, bei der Polizei in Brandenburg von einem Arzt des Instituts für Gerichtliche Medizin Potsdam am ganzen Körper untersucht. Geklärt werden soll, ob die Kratz- oder andere Wunden mit dem Mord zusammenhängen könnten. Festgestellt wurden dabei zwei etwa vier Zentimeter lange Kratzspuren auf der rechten Wange, zwei Abschürfungen unter der rechten Schlüsselbeingrube, Abschürfungen an der linken vorderen Schulter sowie auf der Oberseite des rechten Unterarms. Auch im Schulternackenbereich bemerkte der Arzt Hautabschürfungen. Alle Verletzungen, so die Diagnose, wurden durch Fingernägel verursacht und waren relativ frisch, nicht älter als zwei bis drei Tage. Sie dürften bei einer Auseinandersetzung mit einem Menschen entstanden sein und könnten durchaus mit dem Mord an Liane Heuberg zusammenhängen, zumal der Untersuchte die Verletzungen bei entblößtem Oberkörper erhalten hat, heißt es in dem Gutachten. »Vom Verletzungsbild her kann jedoch nicht ausgeschlossen werden, dass sie von einer Rangelei am Strand herrühren. Die frisch aufgekratzten Verschorfungen hinter der rechten Achselhöhle hat sich der Untersuchte wahrscheinlich selbst zugefügt«, heißt es im schriftlichen Gutachten, das einen Monat später vorliegt. Allerdings müsse auch eingeräumt werden, »dass Kratzverletzungen von der beschriebenen Art auch bei hochgradiger sexueller Erregung der Partner entstehen können«. Das alles deckt sich mit der mündlichen Einschätzung des Arztes unmittelbar nach der Untersuchung. Kort bleibt ein Tatverdächtiger.

Bei einer weiteren Vernehmung am 3. Juni wird ihm

mitgeteilt, dass gegen ihn ein Ermittlungsverfahren wegen des Verdachts des Mordes an Liane Heuberg eingeleitet wurde. Er ist jetzt Beschuldigter. Das Verhör beginnt um 13.50 Uhr und endet nach mehreren Pausen am 4. Juni um 7.55 Uhr. Nach einigen Stunden Schlaf in einer Polizeizelle wird der Tatverdächtige noch einmal in das Zimmer seiner beiden Vernehmer geführt.

»Ihre bisherigen Aussagen sind in vielen Details unglaubwürdig«, wird ihm vorgehalten.

Die Antwort ist abweisend. »Mir ist es egal, ob meine Aussagen unglaubwürdig sind. Ich erkenne auch die objektive Beweislage nicht an. Ich habe Liane nicht getötet. Nach dem Geschlechtsverkehr haben wir uns zum Abschied noch ein Küsschen gegeben. Dann bin ich gegangen. Ich wollte bei ihr keine Hoffnungen erwecken, dass ich sie liebe. Liebe empfand ich für sie nicht.«

Jürgen Kort muss nach einem Tag in Polizeigewahrsam nach Hause entlassen werden. Er muss sich aber für die Polizei zur Verfügung halten.

In den folgenden Tagen wird Kort mehrfach vernommen. Alles dreht sich dabei um den Abend in der Disco und was danach geschah. Die Kriminalisten der Ermittlungsgruppe vergleichen Aussagen des Beschuldigten und von Zeugen mit den bis zu diesen Zeitpunkten vorliegenden Erkenntnissen der Experten zu den sichergestellten Spuren in der Wohnung der Toten. Für den Erlass eines Haftbefehls reichen die Indizien nicht aus. Selbst als sich der Fleck auf dem Bettlaken als Sperma und Vaginalsekret von Jürgen Kort und Liane Heuberg erweist, ändert das nichts.

Jürgen Kort, genervt von den bohrenden Fragen der »Bullen«, beschließt, sich das süße Leben zu gönnen, dass er sich an der Badebucht am Beetsee in der herrlichen Junisonne vorgestellt hatte: Einfach genießen, solange es geht, und dann Schluss machen. Dass er nach der Kündigung doch wieder bei der Veranstaltungsagentur anheuern könnte, glaubt er selbst nicht mehr. Er kauft sich neue Klamotten und lässt sich nach der Währungsunion als Allererstes von einem Kumpel zum Ku'damm nach Westberlin kutschen. Dort lädt er eine Edelprostituierte in ein Nobelrestaurant ein und blättert 180 D-Mark für die Zeche hin. Taxis und Mietautos werden seine bevorzugten Transportmittel. Obwohl er keine Arbeit hat und sich nach dem Rausschmiss auch nicht um eine neue Tätigkeit bemühte, spielt Geld keine Rolle. Er holt es sich bei der Sparkasse in Brandenburg, stellt Schecks über mehr als 11.000 D-Mark aus, obwohl das Konto längst in den roten Zahlen ist. Mit einem gemieteten Pkw VW »Scirocco« fährt Kort Anfang August zum Zelten nach Ückeritz an die Ostsee und lässt es sich gemeinsam mit Freunden gutgehen. Er prahlt damit, dass er sich das Auto gekauft hat, und kutschiert seine Kameraden und die Mädchenbekanntschaften zwischen Zeltplatz und dem vier Kilometer entfernten Discozelt hin und her. Ob er zuvor Alkohol getrunken hat oder nicht, spielt keine Rolle. Sein Fahrstil ist stets rasant – und kostet ein Menschenleben.

In den Morgenstunden des 10. August auf der Fahrt mit dem vollbesetzten Auto von der Disco in Karlshagen zum Zeltplatz kracht er in einen Kleinbus. Dessen Fahrer stirbt. Kort erleidet eine Gehirnerschütterung, auch die Mitfahrer kommen glimpflich davon. Zum Zeitpunkt des Unfalls hatte er 1,8 Promille Alkohol im Blut. Ob es wirklich ein Selbstmordversuch war, »weil das Geld alle und ohnehin alles vorbei war«, wie er es später einmal behauptete, blieb ungeklärt.

Unterdessen haben die Ermittlungen im Mordfall Liane Heuberg Fortschritte gemacht. Am Ofen im Schlafzimmer wurde bei der Spurensuche ein Handabdruck gesichert, der mit den rechten Handballen von Kort identisch ist. Die Ermittler gehen davon aus, dass sich der Täter beim Aufstehen mit der Hand abgestützt hat, als das Opfer erdrosselt unter ihm lag. Das Kreisgericht Brandenburg erlässt am 14. August 1990 Haftbefehl wegen Mordes.

Jürgen Kort bestreitet trotz der Indizien den Mord. Erst bei einer Vernehmung am 13. September 1990 lässt er erstmals erkennen, dass die Nacht im Bett mit Liane nicht nur mit Küsschen nach dem einvernehmlichen Sex, sondern mit Streit endete.

Kriminalkommissarin Rita Fink geht bei der Vernehmung behutsam vor. Ihr liegen inzwischen die schriftlichen Gutachten über die Kratzwunden, die Obduktionsergebnisse sowie die Fingerabdrücke und die Hautpartikel unter den Fingernägeln des Opfers vor. Sie redet darüber nicht.

»Was ist in der Wohnung der Liane Heuberg passiert?«

Die Antwort ist kurz. »Das weiß ich nicht. Mehr möchte ich dazu nicht sagen.«

»Woher stammten die Kratzspuren in Ihrem Gesicht und am Körper?«

Kort hält an der Version von der Rangelei mit dem Unbekannten am Beetzsee fest.

»Unsere Ermittlungen an der Regattastrecke haben aber ergeben, dass sich in diesem Bereich außer Ihnen und den Zeugen keine weiteren Personen aufgehalten haben. Äußern Sie sich dazu!«

»Ich kann dazu nichts anderes sagen.«

»Gab es in der Wohnung der Liane Heuberg eine körperliche Auseinandersetzung?«

»Nein.«

»Sie haben in früheren Vernehmungen gesagt, dass auch Liane Sie gekratzt haben könnte. Welche Angaben können Sie dazu machen?«

»Was soll ich dazu sagen. Wahrscheinlich während des intimen Kontaktes. Es ist immerhin schon alles drei Monate her. Was soll ich noch alles wissen?«

Die Vernehmerin blickt den Beschuldigten eindringlich an. »Welche Empfindungen haben Sie, wenn Sie daran denken, dass Liane verstorben ist?«

Die Antwort kommt emotionslos. »Was soll ich da empfinden, es war keine Verwandtschaft, nichts, gar nichts.«

»Möchten Sie zurzeit Beweisanträge stellen?«

»Zurzeit nicht, da mein Verschulden dabei war.«

Nach dieser Aussage wird der Beschuldigte aufgefordert, schriftlich zu fünf Fragen Stellung zu nehmen. Bei zwei Fragen tut er es: *1. Was haben Sie mit dem Tod der Liane Heuberg zu tun?* Er schreibt: *Ich habe ihn verschuldet.*

2. War es in Ihren Augen Mord? Antwort: *Nein.*

Nach und nach erhellt sich in weiteren Vernehmungen der Ablauf in der Tatnacht. Die Rekonstruktion:

Den Weg von der Disco nach Hause legen Liane Heuberg und Jürgen Kort gemeinsam zurück. Er führt ohnehin an der Wohnung der jungen Frau vorbei. Sie gehen Seite an Seite, ohne Zärtlichkeiten auszutauschen. Jürgen ist ziemlich angetrunken und eher müde als unternehmungslustig. Dennoch lässt er sich von Liane überreden, auf eine Zigarette und einen Kaffee mit nach oben zu kommen. Nicht überraschend landen die beiden jungen Leute im Bett. Der Sex wird vollzogen, der für den jungen Mann nichts Besonderes ist. Solche One-Night-Stands hat er schon vielfach erlebt. Diesmal ist aber ein Stückchen schlechtes Gewissen beim Akt dabei. Zu Isabell, der Rechtsanwältin, die er kürzlich kennengelernt hatte, fühlt er sich wirklich hingezogen. So ist nach wenigen Minuten der Höhepunkt des kurzen Miteinanders abgeflaut. Jürgen Kort steigt aus dem Bett und sucht seinen Schlüpfer, den er schließlich vor dem Ofen findet. Liane aber will den gutaussehenden Jürgen für länger als nur für einen Quickie haben. Sie ist wirklich verliebt und sehnt sich nach einer dauerhaften Beziehung. Schließlich sind die meisten Frauen in der DDR in ihrem Alter – sie ist 26 – längst verheiratet und haben Kinder. Liane steht auf, umarmt den vermeintlichen Traummann von hinten und gurrt: »Wir können doch zusammenbleiben. Und Kinder haben.« Jürgen Kort ist wie elektrisiert. Trixi kommt ihm in den Sinn, das Kind, die Alimente und, und, und. Seine Reaktion fällt derb aus. »Nein, lass diesen Quatsch. Ich will kein Kind.« Er schüttelt sich, holt mit dem linken Arm aus, als wolle er einen Schlussstrich unter diese Debatte ziehen, und trifft die Frau hinter sich ins Gesicht.

Die fällt durch die Wucht des unerwarteten Schlages und geht verletzt zu Boden.

Kort ist erschrocken. Das wollte er nicht, sondern nur deutlich machen, dass seine Zukunftspläne anders aussehen. Er beugt sich hinunter zu Liane, die auf dem Rücken liegt, um zu sehen, ob ihr etwas zugestoßen ist. Es ist nicht der körperliche Schmerz, sondern der seelische durch die abrupte Abfuhr und den wütenden Gesichtsausdruck des Geliebten, der Liane zum Schreien und zum Strampeln zwingt. Kort will unbedingt verhindern, dass die Nachbarn den Streit hören und die Polizei alarmieren. Eine Anzeige wegen Körperverletzung wäre sicher. Dann könnte er das mit Isabell gleich vergessen, und auch die letzte, vage und immer noch in ihm schlummernde Hoffnung auf eine Wiedereinstellung bei der Veranstaltungsagentur. Die ganze berufliche und private Zukunft wäre im Eimer. Alles schwirrt ihm im Kopf durcheinander. Da ist auch Hass dabei, vor allem auf Trixi und das Kind, das sie ihm angedreht hat und mit dem alles anfing. Er versucht, mit einer Hand der unter ihm liegenden Liane den Mund zuzuhalten. Die aber wehrt sich, strampelt weiter. Der in seinem Selbstmitleid gefesselte und von einer Frau in seinem Selbstwertgefühl verletzte junge Mann drückt fester zu, jetzt mit beiden Händen am Hals. Die Abwehrversuche werden schwach und schwächer und erlahmen ganz. Die Arme der Frau unter ihm fallen schlaff herab. Sie ist tot. Den Anblick der toten Augen kann Kort nicht ertragen. Er reißt die Decke vom Bett und wirft sie über den leblosen Körper. Dann zieht er sich an, verlässt die Wohnung, schließt die Tür hinter sich und legt den Weg bis nach Hause, für den er normalerweise zwanzig bis dreißig Minuten benötigt hätte, im Dauerlauf in knapp zehn Minuten zurück. Vor der Haustür raucht er eine Zigarette und geht die Tat noch einmal im Geist durch. Daheim in seinem Bett findet er nicht zur Ruhe, duselt eher dahin als er schläft. Selbstmordgedanken drängen sich auf. Am Vormittag gegen elf Uhr verlässt er die Wohnung.

Bevor die Staatsanwaltschaft Potsdam Anklage gegen Kort erhebt, fordert sie ein forensisch-psychiatrisches Gutachten an. Der Beschuldigte wird von Spezialisten der Abteilung für Gerichtliche Psychiatrie und Psychologie der Berliner Charité untersucht. Geklärt werden soll, ob Gründe für eine verminderte Schuldfähigkeit zum Tatzeitpunkt vorlagen oder ob er gar schuldunfähig gewesen sein könnte.

Kindheitliche Störungen durch ein schwieriges Elternhaus, in dem Kinder unter asozialen Verhältnissen aufwachsen, geprügelt und sexuell missbraucht werden, nur verwahrt statt betreut und erzogen werden, was bei Kapitalverbrechen wie Mord oder Totschlag den Tätern oft genug bescheinigt werden muss, hatte Jürgen Kort nicht ertragen müssen. Zwar ließen sich die Eltern scheiden, als er den Kindergarten besuchte, doch schon bald fand die Mutter einen neuen Partner. Zum Stiefvater hatte er als Kind und Heranwachsender sogar eine engere Bindung als zur Mutter, die er manchmal als zu streng empfand. Selbst dann noch, als auch diese Beziehung in die Brüche gegangen war. Das Verhältnis zum älteren Bruder war lange Zeit wie »Hund und Katze«, aber das ist in bestimmten Altersetappen gemeinhin nicht außergewöhnlich unter Geschwistern. Die Schule bereitete dem Jungen keine Probleme. Die Note Zwei auf dem Abschlusszeugnis der zehnten Klasse der Polytechnischen Oberschule (POS) ist Beleg seiner Intelligenz. Er begeisterte sich für Fußball und spielte im Sportverein. Nach der Schule zerschlug sich zwar der Berufswunsch, Kfz-Schlosser zu werden – in der DDR wollten das viele Jungen werden, um bei der Anschaffung eines eigenen Autos möglichst nahe an der Quelle zu sitzen –, doch auch die Ausbildung zum Instandhaltungsmechaniker machte ihm Spaß. Sie kam seiner Neigung, nach Lösungen für Probleme zu suchen und herumzuknobeln, entgegen. Er verpflichtete sich als Soldat auf Zeit für drei Jahre bei der Nationalen Volksarmee, absolvierte die Unteroffiziersschule erfolgreich und blieb als Ausbilder dort. Nach der Entlassung aus der Armee arbeitete er in seinem alten Beruf. Als das Arbeitsverhältnis im Oktober 1989 endete, war das für Jürgen Kort kein Problem. Schon seit langer Zeit hatte er sich im Jugendklub engagiert, denn Musik und Disco gehörten neben dem Fußball schon immer zu seinen Leidenschaften. Genau in dieser Zeit wandelte sich der Jugendklub in eine private Veranstaltungsagentur um. Kort bekam als Einlasser eine feste Anstellung und war in der Agentur als Mechaniker oft genug »Mädchen für alles« bei handwerklichen Arbeiten. Im Türsteher-Job war er streng, vor allem bei männlichen Besuchern. Bei Mädchen und Frauen schaute er dagegen öfter intensiver auf Figur, Po und Busen als auf die Eintrittskarte. Von Frauen und Musik konnte er nie genug bekommen. Er kam gut an beim weiblichen Geschlecht und genoss seine Rolle als Frauenschwarm.

Ein Frauenversteher und Frauenverehrer war er allerdings nicht. Bei der psychiatrischen Untersuchung spielte diese Seite seines Charakters eine wichtige Rolle.

Da gebe es einige Besonderheiten, die mit egozentrischen Charaktereigenschaften zu tun hätten, stellten die Psychiater fest. Zahlreiche und häufig wechselnde Sexualpartnerinnen wären ein Ausdruck dafür. Kort selbst will mindestens hundert Partnerinnen gehabt haben. Eine jugendtypische Verliebtheit, ein Bedürfnis nach Gemeinsamkeit seien weitgehend nicht vorhanden. Kontakte zu Frauen resultierten meistens aus Zufällen vornehmlich bei Discobesuchen, bei denen der Wunsch nach langfristiger Bindung von beiden Seiten meist ausgeschlossen ist. Die Verfügbarkeit von attraktiven Frauen würde das Selbstvertrauen des Frauenschwarms stärken und für ihn Gradmesser von Beliebtheit, Geltung und Akzeptanz sein. Verantwortung für eine Beziehung werde abgelehnt, die Selbstdarstellung sei auf Sexualität reduziert. Frauen wären nur Objekte für das eigene Image und die Befriedigung sexueller Bedürfnisse.

Zunehmend spielte der Alkohol eine Rolle. »Kampftrinken« war für ihn Ausdruck von Geselligkeit und Kumpelei und Mittel zur Erreichung sozialer Anerkennung in der Discoszene. Das bestärkte ihn in der Fähigkeit, Unangenehmes wegzuschieben und abzudrängen, sich in Wünsche und Erwartungen hineinzuflüchten und Probleme und deren Bewältigung abzuschieben.

Das Verhalten nach der Tat sei dafür typisch gewesen,

wird im Gutachten festgestellt. Kort zeigte sich am nächsten Tag ganz bewusst an verschiedenen Stellen seinen Bekannten, kaufte sich Rasierklingen, weil er sich das Leben nehmen wollte, ohne auch nur einen ernsthaften Versuch dazu zu unternehmen.

Die Gutachter kamen zu dem Schluss, dass Jürgen Kort für seine Tat verantwortlich ist. Allerdings habe der übermäßige Alkoholgenuss beim »Kampftrinken« in der Disco seine Schuldfähigkeit erheblich beeinträchtigt. Gegen einen völligen Filmriss spreche, dass er nach der Tat im Laufschritt nach Hause gerannt sei in einer Zeit, die ein Sturzbetrunkener nie erreicht hätte.

Die Staatsanwaltschaft Potsdam klagt Ende September 1991 Jürgen Kort an wegen Totschlags an Liane Heuberg und wegen fahrlässiger Tötung und Körperverletzung bei einem Verkehrsunfall unter Alkoholeinfluss. Das Bezirksgericht Potsdam verhandelt im Dezember 1991 den Fall und verurteilt den Angeklagten wegen Mordes im Zustand eingeschränkter Schuldfähigkeit zu zwölf Jahren Haft. Obwohl zur Tatzeit das Strafrecht der DDR galt, wandte der 1. Strafsenat des Bezirksgerichts das Strafrecht der BRD an. Anders als im StGB der DDR bot es die Möglichkeit, die Strafe wegen erheblicher Beeinträchtigung der Handlungs- und Steuerungsfähigkeit durch Alkoholgenuss zu mildern.

Vor dem Bundesgerichtshof (BGH) hatte dieses Urteil keinen Bestand. Die Begründungen erkannte der BGH als nicht ausreichend an für die Verurteilung wegen Mordes zur Verdeckung einer anderen Straftat (Schlag mit der Hand und Verletzung des Opfers im Gesicht). Das

Verfahren wurde an das Bezirksgericht Potsdam zurückverwiesen. Die 3. Strafkammer kam allerdings ebenfalls zu dem Schluss, dass es sich bei der Tat um einen Mord gehandelt hat. Sie begründete diese Bewertung unter anderem mit der Tatsache, dass sich der Angeklagte nach dem Schlag ins Gesicht dem am Boden liegenden Opfer nochmals näherte, statt Hilfe für das Opfer zu holen oder das Haus zu verlassen. Als Liane Heuberg aus Angst vor seiner Annäherung Abwehrversuche unternahm, mit den Beinen strampelte und schrie, habe er sich aus krasser Selbstsucht an der Frau schadlos halten wollen, die sich ihm widersetzte. Auch diese Kammer verhängte wegen Mordes eine Freiheitsstrafe von zwölf Jahren. Mit der erneuten Revision hatte der Angeklagte wiederum Erfolg. Der BGH änderte den Schuldspruch wegen Mordes auf Totschlag ab und hob die Strafe von zwölf Jahren Freiheitsentzug auf. Im Mai 1994 wurde Jürgen Kort vom Landgericht Potsdam zu einer Freiheitsstrafe von sieben Jahren wegen Totschlags verurteilt. Gut ein Jahr später durfte Kort das Gefängnis auf Bewährung verlassen. Die vierjährige Bewährung nutzte er nicht. Nach der Zwangsräumung seiner Wohnung tauchte er in Berlin unter. Im Juni 1999 wurde er verhaftet und musste die noch ausstehende Haftstrafe bis Oktober 2001 verbüßen.

Der Fetischist

Ein schöner Sommertag kündigt sich an. Schon am Morgen des 12. Juli 1972 scheint in Eberswalde-Finow die Sonne. Dabei ist es noch nicht einmal acht Uhr. Die Stadt der Schwerindustrie, des Eisenbahnwaggonbaus und der Forstwirtschaft mit ihren 50 000 Einwohnern ist inzwischen aus dem Schlaf erwacht. Dennoch ist auf den Straßen um diese Zeit wenig los. Die Erwachsenen sind auf der Arbeit und viele Kinder bereits in den Ferienlagern der Eberswalder Betriebe oder bei den örtlichen Ferienspielen, die von den Schulen in den Monaten Juli und August organisiert werden.

Ein junger Mann schlendert, einen Kinderwagen vor sich herschiebend, gemächlich von der Poliklinik aus durch ein Stückchen Wald hinter der Straße der Jungen Pioniere in Richtung Tierpark. Der Zoo beherbergt 1300 Tiere. Neben einheimischen Arten gibt es exotische Tiere wie Tiger, Kamele, Flamingos, Kängurus oder Affen. Ganz in der Nähe des Tierparks, der nur knapp fünfzig Kilometer von Berlin entfernt ist, fließt die Schwärze vorbei. Der kleine Fluss, der dem Schwärzesee entspringt, ist hier mit fünfzig Metern am breitesten. Das Wasser ist glasklar. Man kann es beruhigt trinken, so rein ist es. Schaut man genau hin, sieht man Forellen, die sich im Wasser tummeln. Es ist ein idyllischer Ort, der zum Ausruhen und zum Besinnen einlädt. Der junge Mann, Albert Lochner heißt er, sucht sich eine etwas abseits stehende Bank und genießt die Ungestörtheit und Stille des Moments. Er ist fünfundzwanzig Jahre alt und seit vier Jahren verheiratet. Mit seiner linken Hand wippt er den Kinderwagen sanft hin und her. Das Rot des Wagens leuchtet in der Sonne. Die kleine, sieben Wochen alte Berit saugt an ihrem Nuckel. Noch vor ein paar Minuten hatte sie geweint. Er hatte den Säugling kurz aus dem Wagen genommen, ihn an seine Brust gedrückt und, als sich der kleine Schreihals beruhigt hatte, liebevoll zurück in den Wagen gelegt. Er hatte das weiße Paradekissen mit der Lochstickerei hinter dem Köpfchen gerichtet und über das als Zudecke genutzte, weiß bezogene Kopfkissen die lila-weiße Wolldecke mit Fransen an den Seiten gelegt. Lochner blickt liebevoll auf das Kind. Berit hat die Augen geschlossen. Sie sieht einfach süß aus in der weißen, selbstgehäkelten Ausfahrgarnitur, die an der Mütze und den Jackenärmeln orangefarben abgesetzt ist. Auch der Nuckel ist weiß. Die kleine »Lady in Weiß« schlummert friedlich vor sich hin.

Albert Lochner döst, auf der Bank sitzend, in der Morgensonne. Eigentlich hatte er nach dem Ende seiner Nachtschicht im VEB Walzwerk Finow gleich ins Bett gehen wollen, es sich dann jedoch anders überlegt. Hinlegen könne er sich ja auch mittags. Also hatte er sich zum Spaziergang entschlossen.

Jetzt hängt er seinen Gedanken nach. Seit vier Jahren ist er mit Barbara verheiratet. Sie war achtzehn, er einundzwanzig Jahre alt, als sie sich das Ja-Wort gaben. Auf einer Tanzveranstaltung hatten sie sich kennengelernt, als er seinen Wehrdienst bei der Nationalen Volksarmee (NVA) ableistete. Albert ist zufrieden mit seiner Wahl. Auch den Umzug aus einem Thüringer Städtchen nach Eberswalde-Finow zur Gattin in das Haus seiner Schwiegereltern hat er nicht bereut. Es ist zwar etwas eng, und er hätte gern eine eigene Wohnung, die er stolz vorzeigen könnte, falls die Eltern doch einmal zu Besuch kämen, doch es geht auch so. Er fühlt sich von Barbaras Eltern aufgenommen, als wäre er ihr eigener Sohn. Zwar gab es zuletzt öfter einmal Streit mit den Schwiegereltern, aber auch mit Barbara, doch wo gibt es das nicht. Den gab es früher daheim auch.

Daheim? Er denkt nicht gern an sein Zuhause, an den radebrechenden Vater, der aus Polen stammt und es nicht einmal fertiggebracht hat, in all den Jahren einigermaßen Deutsch zu lernen. Oder an die Mutter, der viel öfter die Hand zur Ohrfeige ausgerutscht war, als damit zu streicheln. Und die das bisschen Liebe, das sie aufbringen konnte, einzig seinem jüngeren Bruder schenkte, wie er es empfand. Nur seine Oma, die war immer für ihn da. Zu der konnte er gehen, auch wenn er etwas ausgefressen hatte. Und das war nicht wenig, wie er sich selbst eingesteht. Die Schule hatte er mehr als einmal geschwänzt und es deshalb nur bis zur siebten Klasse geschafft. Geklaut hatte er auch, Kinderwagen beispielsweise, das hatte ihn richtig befriedigt. Oder die Sache mit der Bürgermeistertochter. Die hatte er in einer kleinen Blockhütte im Wald überrascht. In der trafen sich Mädchen und warteten auf Kerle. Das hatte er jedenfalls gehört. Mit der Bürgermeistertochter wollte er es mal probieren, mit Sex und so. Die war auch nicht abgeneigt. Dachte er jedenfalls. Als er ihr an die Wäsche wollte, hatte sie um Hilfe gerufen und war davongerannt. Später hat das Bürgermeisterluder überall herumerzählt, dass sie zwar wollte, doch er, der Albert, nicht konnte. »Bei dem klappt es nur mit Handbetrieb«, hatte sie rumgetratscht. Peinlich war das schon, obwohl es gar nicht stimmte. Na ja, Freunde hatte er sowieso nicht, und herumgehackt haben die Mädchen und Burschen ohnehin immer auf ihm.

Albert Lochner vertreibt die trüben Gedanken. Er verlässt die Idylle an der Schwärze und spaziert weiter durch den Wald zu den Drehnitzwiesen und dann quasi dem Fluss folgend in Richtung Spechthausen, wo die Schwärze in das Nonnenfließ mündet. Er bietet das Bild eines glücklichen Vaters.

Rosa Oehser ist am Mittwoch früh auf den Beinen. Schon kurz nach sieben Uhr muss sie zur Frauenärztin in die Poliklinik in Eberswalde. Vor knapp zwei Monaten hat sie ein Kind geboren. Sie gehörte mit ihren einunddreißig Jahren bereits zur Gruppe der Risikogebärenden. In der DDR war es üblich, dass Frauen mit Anfang zwanzig unmittelbar nach der Berufsausbildung Nachwuchs bekamen. Ihre kleine Berit ist gesund und munter, und auch ihr geht es gut. Die Nachuntersuchung bei der Ärztin ist Routine und gehört zur medizinischen Nachsorge. Alles ist in Ordnung. Es ist noch nicht einmal halb acht, als sie die Poliklinik verlässt. Berit schläft bestimmt im Kinderwagen, den sie an einer Hecke neben dem Treppenaufgang abgestellt hat. Zunächst hatte die Kleine ja geweint, doch nun ist es still. »Ich kann ja gleich noch ein bisschen durch die Stadt bummeln bei dem schönen Wetter bis die Kaufhalle öffnet und dann dort einkaufen.« Sie geht die Treppe der Poliklinik hinunter und bleibt vor Entsetzen stehen. »Wo ist mein Baby?« Es ist ein Schrei der Angst, der schrill aus ihrem Mund dringt. Der rote Kinderwagen mit ihrer Berit steht nicht mehr an seinem Platz. Sie rennt hinter das Poliklinik-Gebäude auf den Hof. »Vielleicht hat jemand den Wagen dorthin geschoben«, hofft sie. Dort steht er nicht. Sie blickt die Lessingstraße hinauf in Richtung Schützenplatz. Nichts. Sie rennt bis zur Straße der Jungen Pioniere, doch hier ist kein Mensch mit einem Kinderwagen. Auch in Richtung Weidendamm geht der suchende Blick ins Leere. Rosa Oehser hastet zurück zur gynäkologischen Abteilung des Ärztehauses. »Mein Baby! Mein Kinderwagen ist weg. Ich muss die Polizei anrufen.«

Die Schwester in der Anmeldung schaut sie ungläubig an. »War das ein roter? Den habe ich doch noch vor einer Viertelstunde gesehen.« Sie greift zum Telefon und wählt den Polizeinotruf 110.

Sofort leitet die Polizei Suchmaßnahmen ein. Bei der Kripo ist man aufs Höchste sensibilisiert. Gibt es schon wieder ein entsetzliches Verbrechen? Kommt Eberswalde nie zur Ruhe?

Kaum zwei Monate ist es her, dass der erst neunzehn Jahre alte Serienmörder Erwin Hagedorn, wegen seiner Gräueltaten auch der »Schlächter von Eberswalde« genannt, zum Tode verurteilt wurde. Er hatte zwischen Mai 1969 und Oktober 1971 drei Jungen sexuell missbraucht und ermordet. Außerdem wurde ihm eine Vielzahl weiterer Taten des versuchten Mordes, des sexuellen Missbrauchs von Kindern und der Nötigung zu sexuellen Handlungen nachgewiesen.

Doch nicht nur die Taten von Hagedorn hielten die Bevölkerung von Eberswalde in Angst und Schrecken – und die Kriminalpolizei in Eberswalde und in der Bezirksbehörde der Volkspolizei (BdVP) in Frankfurt (Oder) in höchster Alarmbereitschaft. Unruhe löste darüber hinaus eine Serie von Einbrüchen und Diebstählen aus, bei denen der Täter vornehmlich Kinderwagen im Visier hatte. Angefangen hatte alles im September 1969. Aus dem Hausflur eines Wohnhauses in Eberswalde-Finow verschwand ein Kinderwagen, der später im Wasser der Schwärze gefunden wurde. Noch im gleichen Monat wurde ein weiterer Kinderwagen-Diebstahl ganz in der Nähe gemeldet. Unbeschädigt fand man ihn eine Woche später in einem Gebüsch. Im Dezember 1969 verschwand ebenfalls in Eberswalde-Finow aus einem Hausflur in der Straße der Jugend erneut ein Kinderwagen. Diesmal hatte der Täter die Wanne des Wagens mit einem Messer aufgeschlitzt und diese samt Zubehör im Finowkanal versenkt. Mehr als zehn solcher Straftaten gab es.

Das Motiv dieser Taten blieb im Dunkeln, und sie gerieten in Vergessenheit, als sie sich im nächsten Jahr nicht wiederholten. Urplötzlich aber schlug der Täter wieder zu. Im Februar 1971 wurde aus dem Gemeinschaftskeller in einem Neubaublock in der Ringstraße ein Kinderwagen entwendet. Wie ein Jahr zuvor fand man ihn aufgeschlitzt im Finowkanal. Nahezu Monat für Monat schlug der Täter zu, klaute Kinderwagen, schnitt die Wannen mit einem Messer auf und entsorgte sie im Wasser des Finowkanals. Zuletzt hatte er Steine aus der Uferbefestigung in die Kinderwagen gestapelt, um sie schneller zu versenken. Die Polizei stand vor einem Rätsel. Überlegungen, dass der Täter die Kinderwagen als Fetische stahl und sie zur Befriedigung seines Sexualtriebs nutzte, brachten die Ermittler keinen Schritt weiter. Zumal sich auch andere Taten mehrten. In Kinderkrippen wurden unbeaufsichtigt abgestellte Taschen von Eltern in den kurzen Momenten gestohlen, in denen sie ihre Säuglinge den Krippenerzieherinnen übergaben. Hatte es der Täter auch dort zunächst auf Kinderwagen abgesehen und dann auf den Taschenklau umgeschwenkt, weil die Gefahr der Entdeckung zu groß war?

Und nun die Entführung der sieben Wochen alten Berit Oehser am helllichten Tag im Juli 1972 an der Poliklinik in Eberswalde. Hat der Kinderwagen-Fetischist die nächste Stufe zur Befriedigung seines Sexualtriebs übersprungen? Beim Volkspolizei-Kreisamt (VPKA) in Eberswalde wird umgehend ein Sonderstab »Kinderwagen« gebildet, der sofort Suchmaßnahmen einleitet. Streifenwagen der Polizei durchkämmen die Straßen, die Abschnittsbevollmächtigten (ABV) in den Wohnbezirken der Stadt werden informiert, freiwillige Helfer der Polizei in die Suche einbezogen. Die MUK der BdVP in Frankfurt (Oder) wird eingeschaltet. MUK-Experten sind zwei Stunden nach der Kindesentführung vor Ort in Eberswalde.

Wenige Stunden später wird die schlimmste aller Befürchtungen Gewissheit. Gegen zwölf Uhr bemerken Soldaten einer, in Eberswalde stationierten, sowjetischen Einheit auf dem Wasser des Oder-Havel-Kanals einen, aus Richtung Berlin in Richtung Finow schwimmenden, roten Kinderwagen, der sich bereits in starker Schräglage befindet und unterzugehen droht. Der zwanzig Jahre alte

Soldat Juri Karajan reißt sich die Uniform vom Leib und holt den Kinderwagen unmittelbar neben dem Küchenkomplex der Einheit an Land. Durch das Sichtfenster des Regenschutzes, der am Verdeck des Kinderwagens festgeschnallt ist, blickt er in das leblose Gesicht eines Säuglings.

Um exakt 12.47 Uhr erscheinen beim Leiter des VPKA in Eberswalde Offiziere der sowjetischen Militärkommandantur und der am Oder-Havel-Kanal stationierten sowjetischen Einheit und informieren über den grausigen Fund. Dreizehn Minuten später sind ein Kriminalist der MUK, ein Kriminaltechniker und ein Fährtenhundeführer am Fundort im Objekt der Militäreinheit.

Vom Kinderwagen, den Soldat Karajan aus dem Wasser gefischt hatte, ist nur die Wanne vorhanden. Das Fahrgestell fehlt. Der Wetterschutz ist oben am Verdeck angeknöpft. Auf der linken Seite ist die Wanne von innen und von außen aufgeschnitten. Neben dem toten Säugling im Wageninneren liegt ein großer, schwerer Stein. Nach Spuren am Fundort wird gar nicht erst gesucht. Sie könnten mit der Tat ohnehin nicht im Zusammenhang stehen. Von den beiden Tragegriffen links und rechts an der Wanne, vom Stein im Wagen und den beiden Befestigungsstellen des Wetterschutzes am Verdeck werden Geruchskonserven genommen. Danach werden das Wagenoberteil und die Leiche ins Kriminalistische Institut nach Berlin zur Untersuchung und weiteren Spurensicherung gebracht. Bei der Obduktion der Leiche entdecken die Gerichtsmediziner an der Halsvorderseite verdächtige Male. Im Zusammenhang mit den erheblichen Stauungsblutungen im

Kopfbereich gibt es für die Obduzenten keinerlei Zweifel daran, dass der Säugling gewürgt wurde. Gestorben ist er daran nicht. Wasser in der Lunge und in den Därmen spricht eine eindeutige Sprache. Das Mädchen hat noch gelebt, als es samt Kinderwagen ins Wasser gestoßen wurde. Es ist qualvoll ertrunken. Sexuell missbraucht wurde es nach Einschätzung der Gerichtsmediziner nicht.

Das Bild von Albert Lochner als glücklicher Vater, der mit einem Säugling in einem roten Kinderwagen auf der Bank an der Schwärze verweilt, der aufsteht und seinen Spaziergang in Richtung Drehnitzwiesen fortsetzt – es ist ein Zerrbild.

Ja, es stimmt: Lochner spürt Vatergefühle in sich und ist stolz, dass er einen Kinderwagen schieben kann. Nein, es stimmt nicht: Albert Lochner ist nicht der Erzeuger des Kindes im Kinderwagen, nicht der Vater der sieben Wochen alten Berit. Albert Lochner stiehlt Kinderwagen, um seine sexuell-perversen Neigungen auszuleben.

Dieser Trieb steuert ihn auch bei der Tat an dem herrlichen Mittwoch im Juli 1972. Immer, wenn er Ärger hat, muss er sich an Kinderwagen abreagieren. Ärger und Frust hat er in letzter Zeit genug.

Das zunächst harmonische Zusammenleben in der Gemeinschaft mit seiner Frau und den Schwiegereltern verkehrt sich in zunehmende Spannungen, zumal sich seine Frau seinem größten Wunsch, dem nach einem gemeinsamen Kind, hartnäckig verweigert. Sie nennt die beengten Wohnverhältnisse und die begrenzten finanziellen Einkünfte als Gründe. Als den jungen Eheleuten über das Walzwerk in Finow, in dem Albert Lochner als Maschi-

nenarbeiter beschäftigt ist, eine Neubauwohnung angeboten wird, lehnt seine Ehefrau diese Chance ab. Sie kann
nicht loslassen von Mutter und Vater und verbleibt lieber
in der Enge des elterlichen Hauses. Die Auseinandersetzungen nehmen zu. Darunter leiden auch die intimen
Beziehungen des jungen Paares, zumal Albert Lochner
seine Gattin nahezu täglich mit seinem Kinderwunsch
bedrängt.

Als Albert Lochner sich am Mittwochmorgen nach der
Nachtschicht im Walzwerk am Betriebstor von seinen
Arbeitskollegen verabschiedet, sind die Nachwirkungen
eines familiären Streits vom Vorabend, der fast zu einer
Schlägerei eskaliert wäre, noch immer nicht abgeklun-
gen. Lochner braucht einen Kinderwagen als Fetisch, um
sich zu entspannen und sexuell zu befriedigen. So, wie er
es schon vielfach in den vergangenen Monaten und Jahren getan hat.

Lochner steigt an der Bushaltestelle an der Werksstra-
ße in den erstbesten Bus, mit dem er bis zum Bahnhof
in Eberswalde fährt. Von dort führt ihn sein ansonsten
normaler Heimweg ein ganzes Stück durch die Stadt und
auch vorbei an der Poliklinik in der Lessingstraße. Diesmal aber drängt ihn sein Verlangen nach einem Kinderwagen.

Das Schreien eines Säuglings dringt an seine Ohren. Er
blickt sich um und entdeckt vor dem Eingang, von einer
Hecke verdeckt, einen roten Kinderwagen, aus dem das
Babygeplärr kommt. Lochner schaut in den Kinderwagen, gibt dem kleinen Schreihals den Nuckel und geht
mit dem roten Wagen davon. Er hat keine Eile, grüßt

unterwegs eine Frau, die ihm entgegenkommt, und kauft sich in einer kleinen Verkaufsstelle von seinen letzten 2,50 Mark, die er in der Tasche hat, eine Schachtel Zigaretten der Marke »Juwel«. Ein bestimmtes Ziel hat der Mann nicht, der wie ein stolzer Vater dahinmarschiert.

Nach der Rast auf der Bank an der Schwärze verschlägt es ihn über verschiedene Straßen und Wege und eine Bahnhofsbrücke, wo ihm Polizisten auf einem Beiwagenkrad kurz in Angst und Schrecken versetzen, zu den Drehnitzwiesen, die von Wald umgeben sind. Er träumt während des Gehens vor sich hin. Der Gedanke, eine richtige Familie zu haben, lässt ihn die ganze Zeit über nicht los. Er stellt sich vor, nach Hause zu kommen, sieht sein Kind mit ausgebreiteten Armen auf sich zukommen und hört es fragen: »Vati, hast du mir etwas mitgebracht?« Sexuelle Erregung spannt seine Hose. Der Mann öffnet den Hosenschlitz, ergreift seinen Penis und onaniert bis zum Samenerguss. Dabei schaut er gebannt auf den Kinderwagen, den er versonnen mit der anderen Hand schaukelt. Entspannt und innerlich beruhigt setzt er seinen Weg fort. Unterwegs befriedigt er sich sexuell ein zweites und ein drittes Mal, zuletzt unweit der Lichterfelder Wassertorbrücke, die über den Oder-Havel-Kanal führt. Dass er beim Masturbieren beobachtet werden könnte, stört den Mann nicht. Berit, das kleine Mädchen, nimmt er in diesen Momenten nicht wahr. Der Anblick des Kinderwagens steuert das Tempo des »perversen Handbetriebs«.

Berit ist wach geworden. Der Schlaf in der frischen Luft und die fünfzehn Kilometer lange Fahrt von der Poliklinik bis an das Ufer des Oder-Havel-Kanals haben das

Baby hungrig gemacht. Es will zur Mama, die es stillt. Das Weinen des Kindes reißt Lochner aus den Träumereien und konfrontiert ihn mit der Wirklichkeit. Wohin mit dem Baby? Es mit nach Hause nehmen? Unmöglich! Den Kinderwagen irgendwo in Menschennähe abstellen? Er hat Angst vor der Entlarvung als Kindesentführer! Albert Lochner fasst einen irrsinnigen Entschluss. »Ich setze das Baby mit dem Wagen in den Kanal, damit es dort untergeht.«

Der Täter geht gezielt vor. Er schiebt den Wagen bis dicht an das Kanalufer, löst die Überwurfschrauben und hebt die Wanne aus dem Fahrgestell, setzt das Oberteil ab und schleudert das Fahrgestell so weit wie möglich in den Kanal. Danach löst er aus der Uferbefestigung einen Steinbrocken und legt ihn links am Fußende neben das Kind. Mit seinem Taschenmesser schlitzt er die linke Seite der Wanne von innen und außen auf. Das Messer verstaut er sorgsam in der Manchesterhose. Es ist schließlich ein Geschenk seiner Frau. Das Baby beginnt, erneut zu schreien. Wütend über die Störung würgt er das Kind, bis die Augen hervortreten und es verstummt. Lochner befestigt den Regenschutz an der Wannenhaube, setzt die Wanne mit dem darin fest eingeschlossenen Kind ins Wasser und stößt sie kräftig in die Mitte des Kanals. Er hört das Baby erneut schreien. Durch die Schlitze läuft Wasser in das Innere.

Aufgeschreckt durch das Geräusch eines fernen Motorbootes ergreift Albert Lochner die Flucht. Sein Ziel ist das Walzwerk in Finow. Es ist Lohntag. Ab Mittag kann im Lohnbüro das Geld in bar in Empfang genommen werden. Unterwegs trifft er auf ein Betriebsauto, einen »Wolga«, der für die Werksleitung fährt und dessen Kraftfahrer er kennt. Der nimmt ihn mit. Sein erster Weg führt ihn in den Duschraum. Lochner ist völlig durchgeschwitzt. Er reinigt sich und seine Sachen, so gut es geht, und nimmt im Lohnbüro sein Geld in Empfang. In seiner Lohntüte stecken 630 Mark. Lochner fährt zurück nach Eberswalde und holt am Nachmittag seine Frau ab, die in einer Bäckerei arbeitet. Sie schlecken jeder ein Stieleis zur Versöhnung wegen des Streits am Vortag, kaufen in einem Musikgeschäft zwei Schallplatten und trinken gemeinsam zu Hause Kaffee. Lochner legt sich im Wohnzimmer zum Schlafen auf die Couch. Er muss wieder zur Nachtschicht.

Am Abend vor dem Betriebstor trifft er auf eine größere Menschenansammlung. Die Polizei hat Handzettel verteilt und ein Fahndungsplakat am »Schwarzen Brett« anbringen lassen. Sie bittet die Bevölkerung um Hinweise, die zum Täter führen. In der örtlichen Tageszeitung und im Rundfunk lässt sie Informationen zu dem Verbrechen veröffentlichen und bittet um Mithilfe. Die Kripo überprüft den Busverkehr am Tattag vom Walzwerk in die Stadt. Die Ermordung von Berit Oehser ist Gesprächsthema im Betrieb und in ganz Eberswalde-Finow. Albert Lochner will von allem nichts lesen und nichts hören. Er zieht sich zurück, spricht auf Arbeit und auch zu Hause kaum ein Wort. Besonders auffällig ist das nicht. Lochner ist schon immer ein Einzelgänger und schweigt, wenn ihm etwas nicht gepasst hat und es Streit gab, manchmal eine Ewigkeit.

Lochner gerät als Tatverdächtiger in den folgenden Tagen immer schärfer ins Visier der Ermittler. Arbeitskollegen haben ihn nach dem Aussteigen aus dem Bus in Richtung Poliklinik weggehen sehen. Zeugen erinnern sich an verschiedenen Orten an einen jungen, etwa 25-jährigen Mann mit einem roten Kinderwagen. Auch in Polizeiakten finden sich Hinweise auf Albert Lochner. Im Zusammenhang mit den Serienmorden an drei Jungen durch Erwin Hagedorn, den »Schlächter von Eberswalde«, hatte man ihn vernommen.

Albert Lochner wird am 21. Juli 1972 verhaftet. Gleich in der ersten Vernehmung gesteht er die Tat. Er will das weinende Kind aus Mitleid mitgenommen haben und mit ihm durch die Gegend spaziert sein. Aus Angst vor Entdeckung habe er es später mit dem Kinderwagen in den Kanal gestoßen. Das Kind habe geschrien, er habe wieder Mitleid bekommen und wollte es retten. Der Wagen sei aber schon zu weit abgetrieben gewesen, und so habe er als Nichtschwimmer nichts mehr unternehmen können. Er wäre ja sonst ertrunken. Das ist zunächst seine Version. Zu den wahren Motiven bekennt er sich erst im Laufe der Ermittlungen.

Das erste Verhör nach der Verhaftung dauert fast sieben Stunden. Am Ende äußert Lochner einen Wunsch, in der sich seine ganze Verlorenheit ausdrückt: »Ich möchte nicht wieder nach Hause.«

Tage später legt er ein schriftliches Geständnis ab. Darin heißt es: »Mein Leben war von Anfang an verpfuscht.«

Wie verpfuscht, dafür genügen manchmal wenige Worte. Wenige Worte aus dem Mund des Vaters, geäußert in einer Befragung zu seinem Sohn. »Ich habe ihn aus dem Haus geworfen, weil ich wusste, dass er ein Strolch ist. Man sollte nicht so viele Protokolle über ihn aufnehmen, sondern dem Albert einfach den Kopf abnehmen.«

Über Albert Lochner wird ein gerichtspsychiatrisches Gutachten erstellt. Es geht dabei um dessen Zurechnungsfähigkeit bei der Tat. Bei ihm wird eine sexuell-perverse Fehlentwicklung diagnostiziert, die sich bereits im Pubertätsalter herausgebildet hat und bei der Kinderwagen als Fetische von Beginn an die Triebperversion prägten. Diese Fehlentwicklung ist nach Ansicht des Gutachters allerdings nicht als Krankheit zu werten. Lochner sei bei all seinen Taten bis hin zur Tötung von Berit Oehser voll zurechnungsfähig gewesen.

Das Bezirksgericht Frankfurt (Oder) verurteilt Albert Lochner wegen Mordes, Kindesentführung und mehrfachen Diebstahls zu einer lebenslangen Freiheitsstrafe.

Albert Lochner verbringt sein gesamtes weiteres Leben im Gefängnis. Mehrfach lehnt er nach Verbüßung der Mindestzeit von fünfzehn Jahren Haft eine Entlassung auf Bewährung ab. Er hat Angst vor einem Leben in Freiheit.

Im Jahr 2012 stirbt er in einem Haftkrankenhaus an Krebs.

Der Zuhälter und sein Mädchen

Wenn ich wiederkomme und du Aas lebst immer noch, mach ich dich kalt!

Samstag, 30. Juni 1973, gegen 21 Uhr. Im Dreifamilienhaus in Neuruppin herrscht Ruhe. Es ist schön gelegen auf einem Gartengrundstück, die Maxim-Gorki-Straße ist gut dreißig Meter entfernt. Tagsüber ist der Straßenlärm gedämpft hörbar, doch jetzt, am Abend, stört nichts die friedliche Stille. Else Gärtner, die im Parterre wohnt, hat es sich im Sessel gemütlich gemacht. Im Fernsehen läuft die Unterhaltungssendung »Klock 8, achtern Strom« mit Horst Köbbert. Das Stöhnen, das plötzlich das Seemannslied übertönt, wird nicht durch die Flimmerkiste verursacht. Es ist so durchdringend, dass es Else Gärtner durch Mark und Knochen fährt. Es kommt aus der Wohnung über ihr, in der Ricarda Groth und ihr Freund Paul Stecher wohnen. Die beiden sind ein hübsches Paar, sie ist zwanzig Jahre, er siebenundzwanzig Jahre alt. Viel mehr weiß Else Gärtner nicht. Man sagt sich »Guten Tag« und fragt »Wie geht's?«, mehr Gesprächsbedarf gibt es nicht.

Da wird doch nichts passiert sein! Else Gärtner geht die Treppe hinauf, klopft an der Tür des Paares. »Hallo, ist alles in Ordnung? Brauchen Sie Hilfe?« Sie lauscht an der Tür. Nichts! Kein Laut dringt nach außen. Günter Brauer, der dritte Mieter im Haus, muss helfen. Er schnappt sich eine Leiter, steigt auf das Vordach des Gebäudes, von dem aus man in die Wohnung der jungen Leute blicken kann. Drinnen, auf der Couch, liegt Paul Stecher. Er ist vollständig nackt. Erneut ist ein Stöhnen zu hören. Paul Stecher scheint Schmerzen zu haben. Erst beim näheren Hinsehen bemerkt Brauer Stechers Freundin. Die liegt zwischen Couch und Tisch auf dem Fußboden. Der Unterkörper ist entblößt. Sie rührt sich nicht. Die Mieter alarmieren die Polizei und fordern einen Notarzt an. Stecher wird ins Krankenhaus gebracht. Der Arzt vermutet eine Schlafmittelvergiftung. Darauf deuten Tabletten hin, die verstreut auf dem Tisch liegen. Ricarda Groth ist nicht mehr zu helfen. Sie ist fürchterlich zugerichtet und tot. Alles deutet auf ein Verbrechen hin. Die MUK in Potsdam wird nach Neuruppin beordert.

Die Wohnung, die die Kriminalisten betreten, bietet ein chaotisches Bild. Im Wohnzimmer, das gleichzeitig als Schlafraum dient, liegen auf dem abgeschabten, grauen Teppich unweit der Tür eine Einkaufstasche, ein dreißig Zentimeter langes Küchenmesser, dessen Klinge verbogen ist, und eine schwarze Herrensocke. Vor dem Kleiderschrank türmt sich Damen- und Herrenbekleidung. Die Schranktüren vom Wohnzimmerbüfett sind aufgerissen, davor liegen ebenfalls Kleidungsstücke. Auf dem großen Tisch ist kaum eine Ecke frei: Radio, Fieberthermometer, Erdnüsse, eine Tabakspfeife samt Tabak, Zigaretten verschiedener Marken, ein vollgefüllter Aschenbecher, Kaffeegeschirr, ein Fläschchen Parfüm »4711«, Gläser, Schokolade, diverse leere Schachteln von Schlaftabletten und noch vieles mehr.

Nicht viel anders sieht es auf dem Teppich rund um die Leiche aus. Auch dort sind leere Schachteln Schlaftabletten verstreut. Einzelne Tabletten liegen auf dem Tisch und auf dem Fußboden.

Der Toten, die in Bauchlage auf dem Teppich liegt, sind Schlüpfer und Hosen bis zu den Knien heruntergezogen, der Pullover ist nach oben geschoben, der BH hinten zerrissen. Aus der Nase des Opfers ist Blut ausgelaufen. Im Rücken nahe der Wirbelsäule befindet sich eine Stichwunde. After und Scheide der Frau sind blutverschmiert. Neben der Couch entdecken die Kriminaltechniker ein Büschel blonder Haare, das dem Opfer offensichtlich ausgerissen wurde. Wie achtlos weggeschleudert lugt rechts neben der Leiche halb unter dem Wohnzimmertisch eine braune Brieftasche hervor, darin sind die Personalausweise von Ricarda Groth und Paul Stecher. Auf dem Tisch liegt ein fünf Seiten langer Abschiedsbrief. Es ist das Dokument eines gemeinsam geplanten Suizids. »Wir wollen nicht mehr leben«, steht dort geschrieben und: »Wir gehen gern aus dieser Welt, die für uns kein Verständnis hat.« Der Brief trägt die Unterschrift von Paul Stecher. Die Schrift ist krakelig und schwer zu entziffern. Der Schreiber muss betrunken oder betäubt gewesen sein.

Sieht so ein gemeinsam verabredeter und durchgeführter Suizid aus? Woher diese grausamen Verletzungen bei Ricarda Groth? Wer hat sie ihr zugefügt? Hat das Opfer noch gelebt? War es schon tot? Woran ist es gestorben? Und warum?

Die Gerichtsmediziner können nach der Obduktion der Leiche zwei dieser Fragen beantworten. Ricarda Groth hat noch gelebt, als ihr die Scheide und der After mit einem Messer aufgeschlitzt wurden. Die Verletzungen waren lebensgefährlich. Gestorben ist Ricarda Groth an einer Überdosis Schlaftabletten. Sie war im vierten Monat schwanger.

Ende April 1973. Paul Stecher steckt wieder einmal in Schwierigkeiten. Genug davon hat es in seinem 27-jährigen Leben schon gegeben. Mehrfach schon saß er im Gefängnis, einmal sechs Monate wegen versuchter Republikflucht, dann zwei Jahre wegen sexuellen Missbrauchs von Kindern und zuletzt vier Jahre wegen versuchten Totschlags, weil er seine damalige Freundin auf deren Verlangen töten wollte. Seit seiner jüngsten Entlassung aus dem Gefängnis aufgrund einer Amnestie hat er gerade einmal drei Monate als Kellner im Konsumhotel in Neuruppin überstanden, dann war schon wieder Schluss mit seinem Arbeitseifer. Oder genauer gesagt, was er darunter verstand. Der Mann, der Gäste bedienen sollte, bewirtete sich lieber selbst mit Bier und Schnaps, was bei der Hotelleitung gar nicht gut ankam. Der ständigen Ermahnungen und Aussprachen leid, kündigte Stecher seinen Job und begab sich gen Wustrow, um in einer dortigen *Schenke* in Erwartung üppiger Trinkgelder als Kellner an den Ostsee-Urlaubern zu verdienen.

Die Fahrt dorthin nutzt er für einen Abstecher nach Rostock, einer Stadt, die er noch nicht kennt. Stecher ist ein kontaktfreudiger Mensch und sich seiner Anziehungskraft auf Frauen bewusst. Eine Bleibe für die Nacht wird er schon finden in der Stadt mit dem einzigen Überseehafen der DDR. Um eine Unterkunft hat sich der lebenslustige Bursche gar nicht erst gekümmert. In Rostock im Café *National* auf ein Willkommensbier gelandet, braucht er nur eine knappe Stunde, um die 20-jährige Ricarda Groth für sich zu erobern. Gemeinsam machen sie sich zu einem Stadtbummel auf, der sie von Kneipe zu Kneipe führt und der schließlich in der Nebenwohnung von Ricarda und in deren Bett endet. Nach der anstrengenden Nacht schlafen die Jungverliebten am nächsten Morgen in aller Ruhe aus. Ricarda hat Zeit genug dafür, einer soliden Arbeit geht sie nicht nach. Sie übt eine Tätigkeit aus, die es in der DDR offiziell nicht gibt. Ein Notizbuch von ihr, das auf dem Tisch liegt und in dem Paul ungefragt blättert, gibt Auskunft. Auf den zweigeteilten Blättern des Heftchens stehen links Männernamen und rechts Geldsummen: Max – 30 Mark, Jürgen – 75 Mark, Jan – 100 DM, Oliver – 20 Mark. Ricarda verdient sich ihren Lebensunterhalt als Prostituierte.

In der DDR ist das zu jener Zeit ein illegaler Job. Personen mit häufig wechselndem Geschlechtsverkehr, kurz HWG genannt, droht Gefängnis bis zu zwei Jahren, Vorbestraften sogar bis zu fünf Jahren, wenn sie sich gegen Geld Sexpartnern hingeben und dabei erwischt werden. Es sei denn, sie stehen im Dienste der Stasi und verführen Freier im Bett zur Plauderei über politische oder geschäftliche Geheimnisse. Dann dürfen sie die kassierten Devisen und Geschenke sogar behalten.

Stecher weiß aus seiner Knasterfahrung um die Gefährlichkeit von Ricardas Leben. Er will sie beschützen, denn er hat sich in sie verliebt. Beide heuern deshalb am nächsten Tag in der *Schenke* in Wustrow an, er als Kellner, sie als Hilfskraft in der Küche. In der Sommersaison sind Arbeitskräfte an der Ostsee heiß begehrt. Sie lieben sich, doch treu sein wollen beide nicht. »Paul, egal was du von mir denkst, aber von meinem bisherigen Leben lasse ich nicht ab. Mit anderen Männern ins Bett zu gehen, macht mir Spaß, und es ist leicht verdientes Geld«, macht sie ihm klar. »So viel Zeit habe ich nicht mehr. Ich bin schwanger, von wem, weiß ich nicht.« Seine Proteste stimmen sie nicht um, und so zahlt er mit gleicher Münze zurück. Urlauberinnen sind für den gutaussehenden 27-Jährigen eine leichte Beute.

Das Glück in Wustrow hält nicht lange an. Ohne Angabe von Gründen wird Stecher, der nur auf Bewährung auf freiem Fuß ist, bereits nach einem Monat seines Kellnerdaseins von einem Tag auf den anderen gekündigt. Das junge Paar verlässt daraufhin gemeinsam das Ostseestädtchen und lebt fortan mit gut 1.000 Mark ersparten Geldes und ohne Arbeit gemeinsam in Ricardas Wohnung in Neuruppin in den Tag hinein. Sie haben genug Zeit, die sie sich einmal auch bei einem Besuch in »Berlin bei Nacht« vertreiben. Ricarda ist begeistert, erst recht, als Paul ihrer Bitte zustimmt, dass sie die Stadt auf ihre Art und Weise erkunden könne. »Für zwanzig Mark musst du dich aber nicht verkaufen«, gibt er ihr mit auf den Weg. Es dauert nur Minuten, bis die attraktive Frau zu einem Herrn mittleren Alters ins Auto einsteigt und davonbraust. Als sich das Paar im Morgengrauen am Bahnhof Friedrichstraße, wie verabredet, trifft, hat Ricarda eine beachtliche Summe Geld in der Tasche, darunter sind nicht nur die Mark-Scheine der DDR, sondern auch die harte und begehrte Währung aus dem anderen Teil Deutschlands. Ob sein Mädchen es in den devisenträchtigen Berliner Herbergen *Metropol, Palast-Hotel* oder der *Alibi-Bar* erschlafen hat, ist Zuhälter Paul gleichgültig. Man hat zwar noch Geschlechtsverkehr miteinander, von dem Ricarda nicht genug bekommen kann, doch die Liebe ist inzwischen am Verlöschen. Sie schafft an, und er lebt davon. Wählerisch sind der Zuhälter und sein Mädchen nicht, nicht nur Fremde, sondern auch gemeinsame Bekannte können sich an Ricarda bedienen. Reich werden sie dabei nicht. Ihr Leben taumelt aus ganz unterschiedlichen Gründen dem Abgrund entgegen.

Paul Stecher, der gelernte Siebdrucker, will die DDR Richtung Westen verlassen. Mehrere Fluchtversuche sind gescheitert, Anträge auf Übersiedlung in die BRD, die er 1965 mit neunzehn Jahren freiwillig verlassen hatte, um der Einberufung zur Bundeswehr zu entgehen, sind abgelehnt worden. Bis dahin hatte er in Nürnberg bei Pflegeeltern gelebt, die als Mitglieder der Kommunistischen Partei Deutschlands den Jungen für die DDR begeisterten. Seine Adoptivmutter hatte diese Flucht schon Jahre vorher vollzogen, den kleinen Paul allerdings zurückgelassen. Angekommen im Arbeiter-und-Bauern-Staat ist Paul Stecher nie wirklich.

Ricarda Groth lastet die Schwangerschaft auf der Seele. Sie will das Kind in ihrem Bauch nicht, von dem sie nicht weiß, wer es gezeugt hat. Hinzu kommt die Angst, wegen des verdammten »Asozialen-Paragraphen« 249 des Strafgesetzbuchs im Gefängnis zu landen. »Im Gefängnis halte ich es nicht aus. Lieber bringe ich mich um.« Bei Paul Stecher findet sie damit Gehör. Gemeinsam wollen sie sich mit Schlaftabletten aus dem Leben befördern. Stecher berechnet für jeden eine Menge von siebzig Tabletten. Der Mann besitzt Erfahrungen damit. Mehrmals schon hat er unter Alkoholeinfluss Suizidversuche unternommen, ob sie ernstgemeint waren, sei dahingestellt. Jedenfalls war stets jemand zugegen, der rettend eingreifen konnte. Überlebt hat er sie alle, auch jene Tat, für die er im Dezember 1970 zu vier Jahren Gefängnis verurteilt wurde. Seine damalige Freundin und er wollten sich nach einer gescheiterten Republikflucht über die ČSSR mit Schlaftabletten gemeinsam das Leben nehmen, hatten die Wirkung der wenigen Pillen jedoch überschätzt. Mit einer Rasierklinge hatte er der Freundin auf deren Verlangen eine stark blutende Wunde in die Armbeuge geschnitten, sich selbst allerdings nicht den kleinsten Ritz zugefügt.

25. Juni 1973. Ricarda Groth und Paul Stecher werden wegen des Verdachts des asozialen Verhaltens festgenommen. Stecher wird noch am gleichen Tag freigelassen, weil er sich nachweislich um eine neue Arbeit in einer Gaststätte in Rheinsberg bemüht hat und diese Anfang Juli aufnehmen kann. Einen Tag später kommt auch Ricarda Groth frei. Stecher hat bei der Staatsanwaltschaft versichert, dass er künftig für ein geregeltes Leben seiner Freundin Sorge tragen wird.

Doch statt die Sachen zu packen für das Kellnern von Paul in Rheinsberg und für die gewünschte und per ärztlichem Einweisungsschein bereits vorbereitete Schwangerschaftsunterbrechung bei Ricarda, kratzt das Paar das letzte Geld zusammen und versorgt sich in verschiedenen Apotheken mit insgesamt 140 Schlaftabletten »Benedorm« und »Eldorent«, die rezeptfrei zu erhalten sind. Sie wollen gemeinsam aus dem Leben scheiden.

29. Juni 1973. Am Abend begeben sich Ricarda Groth und Paul Stecher in eine Gaststätte zum Abschiedsessen und -trinken mit Sekt und Kognak. Dort treffen sie auf gemeinsame intime Bekanntschaft. Durch den Alkohol in Stimmung versetzt, schlägt Stecher eine Party mit Gruppensex vor. Alle sind begeistert, nur Ricarda Groth zeigt sich spröde und lehnt ab. Sie lässt ihren Freund und die anderen einfach sitzen und geht nach Hause.

Stecher schäumt vor Wut und folgt ihr Minuten später in die Wohnung. »Was bildest du Nutte dir ein«, poltert er los. Ricarda, die es sich auf dem Sofa bequem gemacht hat, hält dagegen. »Du hast mich doch erst zur Nutte gemacht. Spiel dich bloß nicht als mein Zuhälter auf, der bestimmt, mit wem ich ins Bett zu gehen habe. Heute habe ich keine Lust mehr auf Sex, und schon gar nicht auf welchen mit deinem blöden Bekannten, während du dich mit dem Flittchen an seiner Seite vergnügst«, antwortet sie auffällig ruhig, aber mit deutlichem Zynismus in der Stimme.

»Du lässt mich nicht noch einmal wie einen dummen Jungen sitzen!« Außer sich vor Wut und einer Ohnmacht nahe drischt Stecher mit den Fäusten wahllos auf seine Freundin ein. Der schießt das Blut aus der Nase, das Gesicht schwillt unter der Wucht der Schläge in Sekundenschnelle an. Er kniet sich auf das inzwischen auf dem Sofa zusammengesackte Opfer und würgt es am Hals. »Ich gehe jetzt noch mal zu den anderen rüber in die *Linde*. Wenn ich wiederkomme und du Aas lebst immer noch, mach ich dich kalt!« Stecher sperrt nach dieser Morddrohung gegen Ricarda Groth die Wohnung ab und genehmigt sich anschließend in der Gaststätte *Drei Linden* ein paar weitere Kognaks.

Kurz nach Mitternacht ist der noch immer wütende Mann zurück in der gemeinsamen Wohnung. Ricarda Groth liegt auf der Couch und hat die Augen geschlossen. Der Hosenbund ist geöffnet, sie hat sich Strümpfe und Schuhe ausgezogen. Auf dem Tisch steht ein halb mit Wasser gefülltes Glas, mehrere Tablettenschachteln und eine ganze Anzahl von weißen Pillen liegen herum. Von den ihr zugedachten siebzig Tabletten für einen Selbstmord mag sie nur etwa die Hälfte eingenommen haben. »Das reicht nie und nimmer«, ist sich Stecher sicher. Er versucht, die Schlafende, die noch deutlich atmet, wach zu bekommen, schlägt sie mehrfach mit der flachen Hand und spritzt ihr Wasser aus dem Glas ins Gesicht. Sie soll die restliche Menge Tabletten zu sich nehmen. Ricarda Groth ist nicht wach zu bekommen.

In der Küche bei einem frisch gekochten Kaffee und einigen Schlucken Aperitif aus der Flasche, die angefangen auf dem Küchentisch steht, überdenkt der Mann sein Leben. Er macht seine Freundin verantwortlich für sein verpfuschtes Dasein. »Als Zuhälter hat sie mich beschimpft und mich ständig mit anderen Männern betrogen. Wie einen dummen Jungen hat sie mich vor den anderen behandelt, hat mich einfach sitzenlassen. Und nun lebt sie immer noch. Ich bringe das Aas um«, beschließt er die Verwirklichung seiner Morddrohung. Stecher geht hinüber ins Wohnzimmer, setzt sich seitlich auf die Couch neben die Schlafende und schlägt mit der rechten Handkante mehrmals kräftig auf die Halsschlagader. Er dreht sein Opfer auf den Bauch und hämmert mit aller Wucht seine Handkante auf das Genick der Frau und boxt wahllos mit den Fäusten auf den ganzen Körper ein. Ricarda Groth muss nach diesen Gewaltakten tot sein. Aus Filmen und aus Erzählungen von Mithäftlingen im Gefängnis ist ihm bewusst, dass Schläge mit der Handkante tödlich sein können. Um ganz sicher zu gehen, holt sich Stecher aus der Küche ein großes Messer, dreht die Frau auf den Rücken und zieht die Hose bis zu den Kniekehlen herunter. Er spreizt ihr die Beine und stößt das scharfe und spitze Messer in die Scheide. Der Täter wendet sein Opfer erneut und jagt ihm das Messer in den After. Anschließend will er ihr die Waffen durch den Rücken ins Herz stechen, trifft dabei allerdings die Wirbelsäule. Die Klinge verbiegt sich dabei extrem, er kann sie nicht mehr richten und wirft das Messer achtlos auf den Teppich.

Paul Stecher nimmt über einen langen Zeitraum Schlaftabletten ein und schreibt einen Abschiedsbrief. Zwischendurch raucht er, trinkt Kaffee und hört Radio. Irgendwann dringt unangenehmer Duft in seine Nase. Mit »Tabac«-Spray versucht er, den Geruch zu übertünchen. Der Mann rollt die Leiche von der Couch, zieht sich nackt aus und legt sich auf die Liege. Am Abend hört Nachbarin Else Gärtner sein Stöhnen. Mieter alarmieren die Polizei und fordern einen Notarzt an.

Im Oktober 1974 muss sich Paul Stecher vor dem 1. Strafsenat des Bezirksgerichts Potsdam wegen vorsätzlicher Körperverletzung, wegen Bedrohung mit einem

Verbrechen und wegen Nötigung verantworten. Ihm droht bei diesen Tatvorwürfen der Staatsanwaltschaft eine Haftstrafe von höchstens fünf Jahren.

Im Verlauf der Beweisaufnahme kommt das Gericht zu der Auffassung, dass auch ein versuchter Mord vorliegen könnte, und gibt noch während des laufenden Prozesses einen entsprechenden rechtlichen Hinweis.

Paul Stecher widerruft vor Gericht sein Geständnis und behauptet, dass Ricarda Groth bereits alle Tabletten eingenommen hatte, als er am Tatabend nach dem Gaststättenbesuch das erste Mal die Wohnung betreten hat. Sie sei nicht mehr ansprechbar gewesen. Seine Versuche, sie mit verschiedenen Mitteln zu wecken, wären erfolglos gewesen. Er habe sich fünfzehn Minuten mit ihr befasst und sei dann in die Gaststätte *Drei Linden* gegangen. Stecher gibt vor Gericht an, dass er die Tat bei der Polizei nur gestanden hat, weil er der vielen Vernehmungen überdrüssig gewesen ist und seine Ruhe haben wollte. Er habe den Widerruf des Geständnisses erst in der Hauptverhandlung erklärt, um nicht erneut in die Mangel von Verhören zu kommen.

Das Gericht folgt dieser Darstellung nicht. Es verurteilt Paul Stecher wegen versuchten Mordes zu einer lebenslangen Freiheitsstrafe. Das Oberste Gericht der DDR bestätigt das Urteil. Im August 1990 richtet der Häftling ein Gnadengesuch an die Präsidentin der Volkskammer der DDR, Dr. Sabine Bergmann-Pohl. Er hat damit keinen Erfolg. Stecher wird im Februar 1992 auf Bewährung aus dem Gefängnis entlassen. Er hat sich inzwischen einen neuen Namen zugelegt. Gegen ihn ermittelt später das

Bundeskriminalamt wegen des Verdachts der Verstrickung in die internationale Rauschgiftkriminalität. Im März 1993 ist Paul Stecher in Prag vermutlich an einer Überdosis Heroin verstorben.

Grausames Spiel

Februar 2006 in einem Hochhaus in der Lausitzer Kleinstadt Spremberg. Der Anblick, der sich den beiden Polizisten, Polizeikommissarin Schreiner und Polizeihauptmeister Förster, in der Wohnung im zehnten Stock bietet, ist schockierend: Der Tote im Wohnzimmer, der mit dem Oberkörper gegen den Sitz der Couch lehnt und dessen Unterkörper verdreht auf dem Fußboden liegt, muss ein unvorstellbares Maß an Grausamkeit erlebt haben. Der Kopf ist blutverschmiert. Das rechte Auge ist herausgestochen. Aus dem aufgeschnittenen Bauch quillt das Gedärm. Im Rücken steckt ein Messer. Der ganze Körper ist mit Schnitt- und Stichwunden übersät. Nur mit Mühe unterdrücken die beiden Beamten ihren Brechreiz. Der Mörder muss wie von Sinnen gewesen sein bei der Tat, wütend und getrieben von schrecklichen Phantasien. Er hat sich der Polizei selbst gestellt, aus Angst, noch einmal einen Menschen zu töten. Wie er es schon einmal getan hatte. Vor 25 Jahren.

Ein Sonntag im Oktober 1981 in Frankfurt an der Oder. Am Schwänchenteich, eines von vielen kleineren und größeren Gewässern der Oderstadt, treffen sich wie jeden Tag Teenager zum Zeitvertreib. Die meisten von ihnen gehen wochentags in die nahe gelegene Polytechnische Oberschule. Der Teich ist für Kinder und Jugendliche Treffpunkt zum Quatschen und Abenteuerspielplatz zugleich. Lutz Truschke ist einer der Jungen, die hier regelmäßig ihre Freizeit verbringen. Truschke ist fünfzehn Jahre alt und Schüler der zehnten Klasse. Seine Mutter war sechzehn Jahre jung, als sie den Sohn zur Welt brachte, der Vater nur drei Jahre älter. Trotz der Jugend ist die Liebe von Dauer, drei Jahre später, inzwischen sind die Eltern verheiratet, wird ihr zweites Kind, ein Mädchen, geboren. Die Mutter ist in der Datenverarbeitung beschäftigt, der Vater ist Werkzeugmacher von Beruf und arbeitet als Schichtmeister. Eine normale Arbeiterfamilie in der DDR, in der die Kinder ein geordnetes Zuhause haben.

Lutz ist ein hilfsbereiter Junge, der bei seinen Mitschülern anerkannt ist, obwohl er mit seinen Leistungen ab der fünften Klasse mit den meisten von ihnen nicht mithalten kann. Lernen macht ihm einfach keinen Spaß, es fällt ihm schwer, den Unterrichtsstoff zu begreifen. Unter Aufsicht der Eltern muss er daheim viel üben. Dennoch wird er Jahr für Jahr nur mit viel gutem Willen der Lehrer in die nächsthöhere Klasse versetzt.

Der Schwänchenteich ist nicht nur bei den Schülern der Umgebung beliebt. Ältere Leute ruhen hier gern aus, genießen die frische Luft und die Natur. Zu ihnen gehört der 79-jährige Kurt Mittag. Er wohnt nur ein paar Straßen entfernt in einer kleinen Wohnung, die sich, abgerückt von der Straße, in einem Hinterhaus befindet und deren Zustand so bemitleidenswert ist wie der des ganzen Hauses. Kurt ist oft am Schwänchenteich. Heranwachsenden Jungen blickt er besonders lange und intensiv zu. Er lädt gern Knaben und Jugendliche zu sich ein. Gemeinsam schauen sie fern, und – er gibt ihnen sexuellen Aufklärungsunterricht auf seine Art. Auch Lutz Truschke und dessen gleichaltriger Freund Jan Laufer gehören zu seinen »Schülern«. Auf der Couch zwischen den Heran-wachsenden sitzend, schwärmt er von seinen »Weibern« und schwadroniert darüber, was er mit denen alles in jungen Jahren angestellt hat. Dabei ist Kurt Mittag in der Gegend weniger als Weiberheld bekannt, sondern viel-mehr als »schwuler Kurt«. Es bleibt nicht aus, dass »Kurt« zum »Praxisunterricht«, wie er es nennt, übergeht. Sind Jungen bei ihm, wissen diese, dass es nicht lange dauert, bis er ihnen in den Hosenschlitz fährt. Die Knaben lassen zu, dass der »schwule Kurt« bei ihnen onaniert bis zum Samenerguss. Dafür werden sie entlohnt. Geht der alte Mann zum Schrank und holt sein Portemonnaie heraus, wissen sie: Fürs Erdulden des sexuellen Missbrauchs gibt es meistens zehn Mark. Auch Zigaretten und Schokolade gehören zu den Zuwendungen des sexsüchtigen Opas an die Jungen.

Dreizehn Jahre ist Lutz Truschke, als es ihm das »erste Mal« bei dem alten Mann passiert. Regelmäßig, auch mal mit kürzeren Unterbrechungen, ist Lutz einer der »Strich-jungen« für den Perversen. Er empfindet nichts für den so viel älteren Mann, sondern lässt es einfach mit sich geschehen: Hosenstall aufknöpfen. Den schwulen Alten an seinem Schwanz spielen lassen, bis es kommt. Fertig. Lohn kassieren. Es passiert immer auf dem Sofa, nie im Bett. Einmal wollte das der »Kurt«. Lutz hat es abgelehnt. Er ist nicht homosexuell, hatte bereits Sex mit einem nur unwesentlich älteren Mädchen.

Lutz ist inzwischen stolzer Besitzer eines Mopedfüh-rerscheins. Das praktische Fahren hat ihm keine Schwie-rigkeiten bereitet, die theoretische Prüfung dafür umso mehr. Da war keine Zeit für Besuche bei dem alten Mann. Lutz hatte Besseres zu tun. Der fehlende Nebenverdienst für die Befriedigung der sexuellen Gelüste des Rentners hat den Geldbestand bei dem Heranwachsenden geschmälert. Monatlich zehn Mark Taschengeld von den Eltern sind nicht gerade viel, so empfindet es der Sohn. Oma und Opa haben zwar mal die eine oder andere Mark springen lassen, doch zum Monatsende war zuletzt meistens Ebbe in der Taschengeld-Kasse. Zum Sammeln von Flaschen und dem Wegschaffen zur Annahmestelle des VEB Sekundärrohstofferfassung war auch keine Zeit durch das Mopedfahren.

Schon seit Tagen hat er sich vorgenommen, mal wieder beim »Kurt« vorbeizuschauen. Schließlich naht Weihnachten, und die Geschenke für Mutti, Vati und die kleine Schwester kosten Geld. Gerade einmal zwanzig Mark hat er noch, und die sind für einen neuen Schonbezug für die Mopedsitzbank geplant. Darum kreisen seine Gedanken immer wieder. »Kurt« bekommt eine kleine Rente von monatlich 330 Mark, weiß Lutz. Da könnte man sich mehr holen als die zehn Mark fürs Begrabschen lassen, schwirrt es seit Tagen in seinem Kopf herum.

»Heute mach ich's«, ist das Ergebnis seiner Grübelei schon den ganzen Sonntagnachmittag lang im Oktober 1981 am Ufer des Schwänchenteiches. Er hat ein Ziel, doch keinen Plan. Dass der Alte ihm mehr als zehn Mark fürs Onanieren zahlen würde, glaubt er nicht. Nein, da ist er sich sicher. Fünfzig Mark von dessen Rente würden das Loch in seiner Taschengeldkasse deutlich verkleinern. So viel dürfte bei dem zu holen sein.

Die Herbstdämmerung macht sich langsam breit, als der Junge den Klassenkameraden verkündet: »Ich gehe noch mal zu Kurt.«

»Bist wohl auch ein Schwuli. Haste Sehnsucht nach dem Alten?«, sind die anzüglichen Kommentare seiner Altersgefährten. Sie stören ihn nicht.

Es ist kurz nach siebzehn Uhr, als Lutz bei Kurt Mittag an der Wohnungstür im Hinterhaus klingelt. Er hört die schlurfenden Schritte des alten Mannes, der etwas Zeit braucht, bis er die Tür öffnet. »Was willst du denn hier?«, ist der Hausherr überrascht, als er den so lange vermissten Lutz erblickt. Klar, zwischendurch waren auch mal andere Knaben bei ihm, Truschkes Freund Jan Laufer beispielsweise. Den mag er aber nicht so gern wie den Lutz. »Na, komm rein. Setz dich!« Der 15-Jährige platziert sich wie immer auf der Couch, der 79-jährige Wohnungsinhaber lässt sich neben dem Jüngling auf das Polster fallen. Gemeinsam schauen sie fern in der betagten Flimmerkiste, rauchen Zigaretten der Marke »f6« und quatschen dabei über Gott und die Welt. Dass der »schwule Kurt« ihm nach und nach auf die Pelle rückt, damit hat Lutz gerechnet. Es ist ihm gleichgültig, als der geile Alte ihm seinen Schniedel aus der Hose knöpft und anfängt, ihn zu bearbeiten. An die üblichen zehn Mark fürs »Besorgen« verschwendet Mittag an diesem Abend keinen Gedanken. Den Jungen stört das nicht, er drängt auch nicht auf seine Belohnung für den »Stricherdienst«. Schließlich will er mehr als den »Zehner«, er will das gesamte Bargeld des Rentners. Der Junge ist noch immer unentschlossen, wie er den Raub durchführen könnte. »Ich mach es von hinten«, steht nach einer weiteren Stunde des angestrengten Nachdenkens auf der Couch für ihn fest. »Hand um den Hals und würgen, das müsste klappen.« Lutz Truschke ist sich seiner Kraft bewusst. »Mit dem alten Mann werde ich fertig«, daran hat er keine Zweifel. Und Skrupel hat er auch nicht.

Draußen ist es dunkel. Die Zeit ist vergangen, zwanzig Uhr ist es bereits, und die Eltern werden zu Hause warten. »Ich geh dann mal. Lässt du mich raus? Die Haustür ist bestimmt schon abgeschlossen.« Kurt Mittag angelt nach seinen Hausschuhen, nimmt eine Stabtaschenlampe und das Schlüsselbund vom Couchtisch und will zur Wohnungstür. »Na los, komm schon«, kann er noch sagen, dann drückt ihm Lutz die Luft ab. Den linken Arm hat er von hinten an den Hals seines Opfers gelegt, mit der rechten Hand umklammert er das linke Handgelenk und würgt den völlig überraschten alten Mann mit aller Kraft. Kurt Mittag wird in die Knie gezwungen. Lampe und Schlüssel fallen auf den Sessel neben ihm, die Brille landet auf dem Fußboden und wird von den Kämpfenden zertreten. Kurt Mittag kann sich aus der Umklammerung nicht befreien. Zwei bis drei Minuten währt sein Widerstand, dann bricht er gänzlich zusammen. »Mit dem ist es vorbei«, stellt der Täter für sich fest. In aller Ruhe geht Truschke zum Kleiderschrank, wo er die Jacke mit dem schwarzen Portemonnaie darin aufbewahrt weiß. Plötzlich hört er den Totgeglaubten röcheln. Der Rentner versucht, wieder Luft in seine Lungen und Kraft in die Beine zu bekommen. Truschke nimmt sich noch die Zeit, um die Schranktür zu schließen, greift sich vom Wohnzimmertisch das dort liegende Brotmesser und kniet sich rechts neben das noch immer auf dem Rücken liegende Opfer. Mit beiden Händen umklammert der Täter den Messergriff und rammt die fünfzehn Zentimeter lange, einseitig geschliffene Klinge Kurt Mittag viermal kräftig und gezielt in die linke Brust. Zwei der Stiche treffen die Lunge und die Lungenschlagader. Sie sind tödlich. Der alte Mann verblutet. Truschke versteckt das Messer in der Küche hinter dem Radio und geht zurück in das Wohnzimmer. Der Blick auf den Toten jagt ihm einen Schauer über den Rücken. Er kann den stieren Blick und die blutenden Wunden nicht ertragen, schnappt sich vom Sessel Mittags Bademantel und wirft ihn über Gesicht und Oberkörper der Leiche. Ohne Hektik geht der Mörder zum Kleiderschrank und nimmt Brieftasche und Geldbörse aus der Jacke des Opfers. In der sind einige Scheine und etwas Kleingeld. Die Münzen lässt er drin, die Geldscheine steckt er sich in die Hosentasche. Brieftasche und Geldbörse wandern zurück in die Jackentasche. Truschke schließt die Schranktür, schaltet den Fernsehapparat aus, in dem gerade der »Polizeiruf 110« läuft, zieht den Stecker der Heizsonne aus der Steckdose und schaltet das Licht im Wohnzimmer aus. Das Bund mit den Schlüsseln des Getöteten, mit denen er die Wohnungstür ab- und die Haustür aufgeschlossen hatte, versenkt er auf dem Heimweg im Schwänchenteich. Er kommt zu Hause gerade noch rechtzeitig an, um die Großeltern zu verabschieden, die zum Sonntagsbesuch bei den Eltern waren. »Schön, dass ich dich doch noch sehe«, freut sich die Oma und zieht sich den Jungen zum Abschied an die Brust. »Omaaa«, ziert sich der Enkelsohn und entwindet sich der Umarmung. Schließlich ist er mittlerweile zu erwachsen für ein Oma-Küsschen! Rasch verschwindet er im Bad und lässt sich danach das Abendbrot mit zwei belegten Stullen, einem Stückchen Kuchen und zwei Vita-Cola schmecken. Mangelnder Appetit wäre den Eltern womöglich aufgefallen. Mit denen schaut er sich den »Polizeiruf 110«, der noch immer im Fernsehen läuft, bis zum Ende an und geht zu Bett.

Am nächsten Morgen gilt sein erster Gedanke nach dem Aufwachen seiner Beute. Schein um Schein blättert er vor sich auf. 205 Mark zählt er. 115 Mark versteckt er als eiserne Reserve und für Weihnachtsgeschenke im Batteriefach seines Kassettenrekorders. Neunzig Mark gibt er in den nächsten vier Tagen aus, kauft sich Zigaretten, ein Feuerzeug, Süßigkeiten, den Schonbezug für das Moped und diverse Kleinigkeiten. Dann wird Lutz Truschke verhaftet. Eine Nachbarin hatte sich gewundert, dass sie seit Tagen Kurt Mittag nicht mehr zu Gesicht bekommen hatte. Das hatte es noch nie gegeben. Auf ihr Klingeln an der Wohnungstür hatte er auch nicht reagiert. Außerdem war ihr ein merkwürdiger Gestank in die Nase gefahren, der unter dem Türschlitz nach draußen drang. Sie alarmierte die Polizei.

Nach seiner Festnahme bestreitet Lutz Truschke die Tat nicht. Dass Geldgier ihn zum Mord getrieben hat, gibt der 15-Jährige nicht zu. »Ich bin aus Langeweile am Sonntag zu Herrn Mittag gegangen, obwohl ich wusste, dass er wieder bei mir onanieren wird. Ich wollte aber, dass er das nicht mehr machen kann. Deshalb habe ich ihn gewürgt. Es hat mich angeekelt, wie er immer bei mir rumgefummelt hat. Es hat mich angestunken. Einen anderen Grund, warum ich ihn getötet habe, kann ich nicht nennen.«

Lutz Truschke wird in der Charité der Humboldt-Universität zu Berlin psychiatrisch begutachtet. Mit Prof. Dr. Dr. sc. med. Hans Szewczyk untersucht einer der bekanntesten gerichtlichen Psychiater in der DDR den 15-jährigen Tatverdächtigen. Ihm gesteht er sein wahres Motiv für die Tat, nämlich an das Geld von Kurt Mittag zu kommen, und dass er den Mord schon drei Tage vorher geplant hatte.

Die Ärzte stellen bei ihm eine schizoide Persönlichkeitsstörung fest. Sein Intelligenzgrad liegt im unteren Normbereich. Menschen mit einer solchen Störung zeigen oft kaum Gefühlsregungen gegenüber anderen Personen. Trotz allem sei Lutz Truschke für seine Tat voll verantwortlich, so das Fazit der Gerichtspsychiater. Eine Prognose, wie sich die Entwicklung von Truschke künftig vollziehen könnte, wagen die Gutachter nicht. Die ließe sich kaum überblicken, sei aber aufgrund seiner bisherigen Lebensführung in einem geordneten Elternhaus keineswegs als ungünstig anzusehen.

Lutz Truschke wird im Februar 1982 vom 1. Strafsenat des Bezirksgerichts Frankfurt (Oder) wegen Mordes zu fünfzehn Jahren Freiheitsentzug verurteilt. Es ist die Höchststrafe, die gegen einen Jugendlichen verhängt werden kann. Kurz nach der Wende in der DDR wird Truschke nach neun Jahren Haft 1990 wenige Tage vor Weihnachten aus der Haft entlassen. Im Alter von fünfzehn Jahren war er zum Mörder geworden. Nun ist er vierundzwanzig Jahre alt. Das Leben zu meistern, gelingt ihm nicht.

Nach seiner Haftentlassung macht sich Truschke den Alkohol zum fragwürdigen Freund. Der ergreift immer umfangreicher Besitz von ihm. Betrunken neigt er zu Gewalt. Truschke kommt erneut mit dem Gesetz in Konflikt. Gerald Buchwalder, zu DDR-Zeiten Kriminalist bei der Morduntersuchungskommission (MUK) in Frankfurt (Oder) und zuletzt auch deren Leiter, erinnert sich an einen besonders tragischen Fall, der ihn lange Zeit nicht zur Ruhe kommen ließ. Truschke soll die Frau seines Cousins zum Geschlechtsverkehr gezwungen haben mit der Drohung, dass er bei einer Weigerung ihr Kind töten werde. Scheinheilig habe er sich telefonisch mit dem Angebot, gemeinsam ein Gläschen Wein zu trinken, Zutritt zur Wohnung verschafft. »Aus dem Nichts heraus ist er brutal geworden und hat die Todesdrohungen ausgestoßen. Aus Angst hatte sich die Frau gefügt. Als Truschke nach dem Geschlechtsverkehr eingeschlafen war, flüchtete die Frau mit dem Kind zur Nachbarin und hat die Polizei gerufen«, kann Buchwalder noch heute den Fall aus dem Gedächtnis erzählen. Nach der Verhaftung von Truschke habe die Frau später auf der Polizeiwache mit der Begründung, nichts ohne Beisein eines Anwalts zu sagen, Detailschilderungen verweigert und sich daran bis zur Gerichtsverhandlung gehalten. »Truschke musste aus der Untersuchungshaft entlassen werden. Vor Gericht hat er dann behauptet, dass er von der Frau vergewaltigt wurde«, so Buchwalder. »Die Frau war absolut glaubwürdig,

und ich bin noch immer überzeugt, dass sie ihre Vergewaltigung nicht erfunden hat. Plötzlich wurde sie dann so
anders. Dafür musste es Gründe geben.« Truschke wird
aus Mangel an Beweisen freigesprochen. »Die Frau ist
danach psychisch erkrankt. Jahrelang hatte ich deshalb
Schuldgefühle. Aber Richter sind auch nur Menschen
und können sich irren.«

Zehn Jahre nach seiner Haftentlassung kommt Truschke nicht mehr mit einem blauen Auge davon. Wieder
wollte er eine Frau, eine Nachbarin, zu der er stets nett
und hilfsbereit war, zum Geschlechtsverkehr zwingen.
Als er sich anbot, ihre schweren Einkäufe die Treppe hin-
aufzutragen, hatte diese dankend eingewilligt und ihn danach zum Kaffee eingeladen. Ohne Vorwarnung schlug
er sie in der Wohnung nieder. Die sportliche junge Frau
wehrte sich jedoch energisch gegen die Vergewaltigung.
Überrascht vom Widerstand ließ der Täter von ihr ab.
Wegen sexueller Nötigung wird Truschke deshalb im
April 2000 vom Landgericht Frankfurt (Oder) zu einer
Haftstrafe von zweieinhalb Jahren verurteilt, die er bis Februar 2002 verbüßt.

Alkohol bleibt auch nach der Entlassung aus dem Gefängnis ständiger Lebensbegleiter von Lutz Truschke, der
im Oktober 2005 in einem Neubauviertel in Spremberg
im Erdgeschoss eines Hochhauses eine Wohnung bezieht.
Sein Bekanntenkreis ist überschaubar. Mit Tilo Clark, einem arbeitslosen 29-jährigen Mann, der ihm beim Umzug ins neue Heim geholfen hatte, sowie Sabine Roscher,
einem achtzehn Jahre alten Mädchen, entwickeln sich lose
Freundschaften. Beide wissen, dass Truschke Probleme

mit dem Alkohol hat. Doch selbst mit ein paar Promille im Blut versteht er sich mit den beiden Freunden gut, ist ihnen gegenüber hilfsbereit, freundlich und ruhig. Dass er Alkoholiker ist, sieht man ihm nicht an. Er pflegt sein Äußeres, ist sauber und gutgekleidet, seine Wohnung ist aufgeräumt und gemütlich eingerichtet.

Das passt so gar nicht zu Roland Krussla, der ein paar Hauseingänge weiter, hoch oben in der Sperlingslust eines Hochhauses vegetiert. In der Wohnung gibt es kaum einen freien Platz zum Sitzen. Alles wirkt schmuddelig und ungepflegt. Leere Schnapsflaschen gibt es zuhauf im Wohnzimmer und in der Küche. Und doch sind die beiden äußerlich so unterschiedlichen Männer Kumpel, »Saufkumpane«, geworden. Gewöhnlich zweimal in der Woche treffen sie sich. Allerdings nicht, um beim Blick aus den Fenstern den herrlichen Ausblick auf Spremberg zu genießen, die Kleinstadt, die sich gern als »Perle der Lausitz« bezeichnet. Sondern um gemeinsam ihren Leidenschaften zu frönen: Fernsehen, sich immer und immer wieder das Musikvideo »T.Rex« reinziehen und dabei kräftig ins Glas schauen – das sind ihre Mittel, um die Zeit totzuschlagen. Das Glas von Truschke ist vorzugsweise mit Glühwein aus Tetrapaks gefüllt, Krussla liebt über alles seinen braunen Schnaps der Marke »Goldbrand«. Den gab es schon preiswert zu DDR-Zeiten, und der ist auch nach der Wende sein ständiger Begleiter. Ist Krussla mal schlecht drauf, weil ihm die Gicht Schmerzen bereitet, ihn die Einsamkeit plagt und der Lebensmut verlässt, weil er trotz mehrerer Entziehungskuren einfach nicht vom Alkohol lassen kann, dann flüchtet er in seinen Glauben an Gott. Die Bibel ist das einzige Buch in seinem Besitz, und die Abgegriffenheit der Blätter legt Zeugnis davon ab, dass sie für ihren Besitzer ein wichtiger Begleiter ist. Die Bibel ist für Krussla eine Kostbarkeit, sein Anker in einem Leben ohne Sinn und Perspektive. Ungläubige dürfen die »Heilige Schrift« nicht einmal berühren. Lutz Truschke ist ein solch Ungläubiger. Der Glaube an Gott als höheres Wesen und ein Leben nach dem Tod sind für ihn nur Gefasel, das ihn aus der Fassung bringt, vor allem wenn »Saufkumpan« Krussla ihm mit alkoholschwerer Stimme Bekehrung predigt. In solchen Situationen verschaffen sich dunkle Gedanken im Kopf von Truschke Platz. Phantasien, von denen niemand etwas ahnt.

An einem Tag Anfang Februar 2006 ist Roland Krussla wieder einmal am Tiefpunkt seines Lebens angelangt. Fünfzig Jahre alt ist er. Als er am Morgen verkatert vom Exzess des vergangenen Tages in den Spiegel blickt, schaut ihn nicht viel Gutes an. Die Zähne weisen Lücken auf, das Haar hängt wirr am Kopf, Bartstoppeln sprießen im Gesicht. Schluck um Schluck leert er eine Flasche »Goldbrand«, dann noch eine. Das Bild im Spiegel wird nur noch hässlicher. Er ist frustriert und lebensmüde. Er krakeelt im Haus herum, so dass Nachbarn den Notarzt rufen. »Lasst mich in Ruhe. Ich will sterben. Habe Faustan geschluckt, fünfzehn Tabletten«, lallt er dem Arzt entgegen. Nach gutem Zureden lässt sich Krussla ins Krankenhaus bringen. Dort wird ihm der Magen ausgepumpt. Eine Blutprobe ergibt 3,88 Promille Alkohol, aber keine Anzeichen von einem Medikamentenmissbrauch. Er wird auf Entzug gesetzt. In Gesprächen mit den Ärzten will er von Selbstmordabsichten nichts mehr wissen. Die ständigen Schmerzen durch die Gicht, die der Alkohol nur noch verschlimmert, das soziale Abseits, in dem er sich schon seit langer Zeit bewegt, die fehlende Willenskraft, ganz auf den Alkohol zu verzichten, das belastet ihn schwer. Einzig sein Glaube an Gott lässt ihn, wie er den Ärzten gesteht, am Dasein festhalten. An Regeln wie die strikte Abstinenz von Alkohol, um ins Leben zurückzufinden, will oder kann er sich nicht halten. Mehrmals schon hat er gegen ärztlichen Rat stationäre Behandlungen abgebrochen und ist nach Hause zurückgekehrt zu seinen beiden einzigen Freunden: dem »Goldbrand« und der Bibel.

Auch diesmal wieder. Nach neun Tagen ist er der Reglementierungen in einem Krankenhaus und der gutgemeinten Ratschläge von Ärzten, Schwestern und Pflegern überdrüssig. Er entlässt sich wieder einmal selbst aus der Klinik, wie schon so oft und entgegen dem ärztlichen Rat.

Der 19. Februar 2006 ist ein schöner, etwas grau daherkommender Wintertag. Lutz Truschke blickt zur Mittagszeit aus seinem Fenster und überlegt, was er den lieben langen Tag machen könnte. Er sieht Roland Krussla kommen und staunt, dass der schon jetzt und dazu noch am Sonntag von seiner »Entgiftung« nach Hause kommt. Krussla steuert direkt auf ihn zu, will offensichtlich bei ihm anlanden. Truschke sieht seinen »Saufkumpanen« nicht gern in seiner aufgeräumten Wohnung. Heute hat er erst recht keinen »Bock« auf ihn. Sabine Roscher will vorbeikommen. Truschke ist nach ein paar Gläsern Glühwein, die er sich schon gegönnt hat, weinselig genug, um Hoffnungen auf eine Liebesstunde zu hegen. Vor ein paar Wochen hatten sie schließlich schon einmal miteinander geschlafen. Die junge Frau kommt wie erwartet, doch Zeit hat sie nicht und Lust aufs Bett schon gar nicht. Sie wirkt unruhig und bedrückt, sprechen möchte sie über den Grund der Verdrossenheit nicht. »Komm doch am Nachmittag, so gegen halb drei, bei Tilo Clark vorbei. Da können wir Rommé spielen. Sina ist auch da«, macht sie einen anderen Vorschlag zum Zeitvertreib. Sina ist zwei Jahre jünger als Sabine Roscher. Beide sind befreundet.

Truschke, allein gelassen und auf den Nachmittag mit Kartenspielen vertröstet, beschließt, doch mal kurz bei Krussla vorbeizuschauen. Neugierig, zu sehen, wie es dem geht, ist er schon. Krussla hat bereits Wiedersehen gefeiert – mit seinem »Goldbrand«. Die Flasche, die auf dem Tisch steht, ist schon halb leer. Die beiden Männer prosten sich mit einem Gläschen »Braunen« zu, danach labt sich Truschke doch lieber an seinem Tetrapak Glühwein, den er sich sicherheitshalber unter den Arm geklemmt hatte. Erschöpft vom Stress der Heimkehr, nickt der Hausherr im Sessel vor sich hin. »Kannst später noch mal vorbeikommen«, brubbelt er seinem Gast zu, dann schläft er ein.

Wie abgesprochen, steigt am Nachmittag die Rommé-Party bei Tilo Clark. Lutz Truschke hat sich mit zwei weiteren, 1,5 Kilogramm schweren Packungen Glühwein versorgt. Je später es wird und je tiefer der Pegelstand im Weinkarton sinkt, umso stärker steigt die Liebesbedürftigkeit bei Lutz Truschke, der inzwischen stark angetrunken ist. Sabine wehrt alle Annäherungsversuche energisch ab. Sogar grob wird sie, als seine Hände nach ihren Brüsten grabschen und sich sein Mund ihrem Gesicht nähert. Sie hat andere Sorgen. Ein Streit mit ihrem Freund Maik, in den sie echt verliebt ist, lastet zentnerschwer auf ihrer Seele. Sie fürchtet, dass er Schluss mit ihr macht. Lutz taugt da nicht als Trostspender. Die Zurückweisung bringt den verhinderten Liebhaber in Rage. Er ballt die Faust und hält sie Sabine unter das Kinn. »Baby, please don't go«, fleht er mehr wütend als werbend.

Die Zeit ist dahingegangen. Eine Stunde ist es noch bis Mitternacht. »Ich muss noch mal zu Krussla. Hab's dem versprochen«, verabschiedet sich Truschke. Krussla ist aus seinem Sesselnickerchen erwacht und hat offensichtlich seinen Pegel schon wieder aufgefüllt. Das Musikvideo »T.Rex« flimmert aus der Fernsehkiste. Beide nehmen auf dem Sofa Platz. Krussla ist wie immer spärlich bekleidet, trägt nur Slip und ein kurzärmliges T-Shirt. Über die Beine hat er eine Decke gelegt. Die beiden Männer bechern weiter. Sex spielt zwischen ihnen keine Rolle. Krussla nimmt sich die Bibel zur Hand und beginnt über Kirche und Gott zu reden, vom Himmel zu schwärmen und dass er darauf hofft, nach dem Tod in einem neuen Leben zu erwachen, in dem es ihm besser geht als im irdischen Sein. Die Männer geraten, wie so oft bei diesem Thema, in Streit. »Du bist ein Ungläubiger. Du bist es nicht wert, in den Himmel zu kommen«, schimpft Krussla lauthals. »Du wirst in der Hölle schmoren und verrotten.« Als Truschke ihm das Buch Gottes aus der Hand reißen will, bringt er die Heilige Schrift in Sicherheit. »Lass deine Pfoten davon. Du bist es nicht wert, die Bibel anzuschauen, und schon gar nicht, sie anzufassen«, brüllt er ihn an. »Zieh deine Jacke über und geh!«

Der Krach von nebenan lässt Martha Bange im Bett hochschrecken. Ihr Schlafraum grenzt an Krusslas Wohnzimmer. Die Wände sind hellhörig in den Plattenbauten. »Da ist ja wieder ganz schön was los«, denkt sie sich. Sie ist in den sechzehn Jahren Nachbarschaft Lärm gewöhnt und weiß, dass Krussla labil ist und mehr als ihm guttut Alkohol trinkt. Trotz allem kann sie nichts Schlechtes über ihn sagen. Ihr gegenüber verhält er sich stets respektvoll und höflich.

Nebenan eskaliert der Streit zumindest dem Getöse nach, das an Nachbarin Banges Ohr dringt. Krussla, dessen Stimme sie kennt, streitet mit einem anderen Mann. Dann hört sie Schreie. Sie sind schmerzhaft, klingen wie nach unendlicher Qual. »Nun wird er wohl verdroschen«, denkt sie sich. Dann ist Ruhe. Martha Bange legt sich wieder schlafen.

Nebenan geschieht Grausames. Gewaltphantasien, die Truschke schon seit seinem vierzehnten Lebensjahr verfolgen, brechen hervor. Damals hatte er mit Gleichaltrigen Frösche aufgeblasen und mit Stöcken in toten Katzen herumgestochert. Wenn Opa Kaninchen und Hühner geschlachtet hat, war Lutz ein aufmerksamer Betrachter. Später entstehen Bilder in seinem Kopf von Männern, vom Zerstückeln und von Blut. Die schon nach dem ersten Mord an Kurt Mittag festgestellte schizoide Persönlichkeitsstörung verschlimmert sich. Vor allem nach dem Genuss von Alkohol verstärken sich abartige Bilder vom Würgen, Erstechen, Zerstückeln von Männern in seinem

Kopf. Sexuelle Motive sind ohne Bedeutung. Lutz Truschke hofft, dass die Phantasien nie Wirklichkeit werden. Er hat in solchen Phasen Angst vor sich selbst.

Truschke entscheidet sich, seinen »Saufkumpan« Roland Krussla zu töten. Der inzwischen fast 40-jährige Mann verwirklicht das Vorhaben mit stoischer Ruhe, so wie bei der Ermordung von Kurt Mittag. Er holt sich aus der Küche ein Messer und bearbeitet damit sein Opfer. Die zwanzig Stiche in den Oberkörper sind schmerzhaft, aber nicht tödlich. Schließlich soll das Opfer langsam sterben. Vom Couchtisch schnappt sich der Täter einen Tonkrug und schlägt Krussla damit auf den Kopf. Der wehrt sich, ist aber machtlos gegen den körperlich Überlegenen. Er sinkt auf den Fußboden zwischen Sofa und Sessel. Truschke schnappt sich sein Opfer, richtet es auf und lehnt es mit dem Rücken gegen die Couch. Danach sucht er sich in der Küche ein zweites Messer mit einer spitzen Klinge und einer Sägeschneide. Es scheint ihm für sein weiteres Handeln geeigneter. Angefeuert durch den Alkohol kniet er sich neben den bereits aus seinen Wunden blutenden Roland Krussla, schiebt ihm das T-Shirt nach oben und schlitzt ihm den Bauch und die rechte Seite von der Lende an nach oben auf. Als er aufsieht, blickt er in die weit geöffneten, von Entsetzen und Schmerz geprägten Augen seines Opfers, das immer noch lebt. »Warum?« Dieses einzige Wort ist darin ablesbar. Das Martyrium ist noch nicht zu Ende. Wieder geht Truschke in die Küche. Dort wählt er sorgfältig ein Messer mit einer dünnen, stilettartigen Klinge aus und stößt dem bereits Sterbenden die Spitze in das rechte, geöffnete Auge. Danach wendet er sich erneut der geöffneten Bauchhöhle zu, sticht in das herausquellende Gedärm und sagt dabei: »Jetzt hast du endlich deinen Erlöser.«

Roland Krussla stirbt über viele Minuten hinweg einen qualvollen Tod. Bewusst hat der Täter in einem grausamen Spiel diesen Tod hinausgezögert und sich für das Massaker fünf verschiedene Messer ausgesucht. Zwei der Klingen brechen bei den kraftaufwendigen Gewalttaten ab. Er lässt erst von seinem Opfer ab, als kein Lebenszeichen mehr zu bemerken ist. Eine Viertelstunde mag darüber vergangen sein. Ohne Reue schnappt sich Lutz Truschke die von Krussla so innig geliebte Bibel, die dieser ihm zu Lebzeiten so vehement verwehrt hatte, nimmt sich den Wohnungsschlüssel und schließt die Tür von außen ab. Dann geht er zu Sabine Roscher, die nur wenige Wohnungen entfernt ihr Zuhause hat. An ihr will er seine Gewaltphantasien weiter ausleben, will sein grausames Spiel fortsetzen und ihm einen weiteren Kick geben. Die junge Frau hat ihn gekränkt, sein Werben und sein sexuelles Verlangen zurückgewiesen. Er wird sie töten. Auf sein mehrfaches Klingeln öffnet sie nicht. Sabine Roscher telefoniert gerade. Mit dem Handy am Ohr schaut sie durch den Türspion. Vor dem Mann, der dort steht, hat sie Angst. Sie öffnet nicht. Das rettet ihr das Leben!

Lutz Truschke geht verärgert und enttäuscht nach Hause, trinkt noch etwas Glühwein, legt sich, ohne sich auszukleiden, ins Bett und schläft sofort ein.

Am Morgen wacht der Täter nach einem traumlosen Schlaf auf. An seinen Händen und der Kleidung klebt Blut. Viel Blut. Auf dem Tisch liegen die Bibel und die

Wohnungsschlüssel von Roland Krussla. Er erinnert sich an den späten Besuch bei ihm und realisiert langsam, welches Blutbad er am Vorabend angerichtet hat. Truschke füllt zunächst seinen Alkoholpegel auf, zieht sich frische Kleidung an und geht hinüber in die Wohnung seines Opfers. Nichts hat sich darin verändert. Der Tote lehnt an der Couch, der Kopf liegt auf der Sitzfläche. Er streicht Krussla über den Kopf und sagt: »Tut mir leid.« Er erinnert sich, dass er nach der Tat auch Sabine Roscher auf ähnliche Art quälen und töten wollte. Ihm schaudert vor sich selbst. In diesem Moment beschließt er, seine Sachen zu packen und sich der Polizei zu stellen. »Es ist besser, wenn ich für immer in den Knast gehe«, sagt er zu sich selbst.

In der Wohnung sucht er seine Sachen fürs Gefängnis zusammen: Kleidung, Unterwäsche, Waschzeug, Zahnbürste, Kamm und diverse Kleinigkeiten. Er weiß, was im Knast gebraucht wird. Er klingelt in der Nachbarschaft bei einer Bekannten und vertraut ihr unverblümt an: »Ich habe Scheiße gebaut, ich habe jemand erstochen.« Er weiß, dass er nicht so schnell, vielleicht niemals wieder zurückkehren wird. »Du kannst meine Sachen aus der Wohnung haben.« Gemeinsam mit deren Freund trägt er einige Möbel und Wertgegenstände in den Keller der Bekannten. Er duscht in seiner Wohnung und lässt sich von der Nachbarin am Abend mit dem Auto zur Polizeiwache in Spremberg bringen. »Ich habe gestern einen Kumpel umgebracht«, sagt er dem diensthabenden Polizeibeamten. Unaufgefordert überreicht er ihm seinen Personalausweis, die Geldbörse sowie die Schlüssel zu

seiner Wohnung und teilt auch mit, wo sie seine blutver-
schmierte Kleidung finden. Truschke wird noch im Polizeirevier eine Blutprobe zur Alkoholbestimmung abge-
nommen. Der Alkoholwert liegt bei 2,65 Promille.

Zwei Polizisten werden zum Tatort im zehnten Stock
des Hochhauses im Spremberger Neubauviertel ge-
schickt. Der Anblick, der sich den beiden Polizisten,
Polizeikommissarin Schreiner und Polizeihauptmeister Förster, in der Wohnung im zehnten Stock bietet, ist
schockierend: Der Tote im Wohnzimmer, der mit dem
Oberkörper gegen den Sitz der Couch lehnt und dessen
Unterkörper verdreht auf dem Fußboden liegt, muss ein
unvorstellbares Maß an Grausamkeit erlebt haben. Der
Kopf ist blutverschmiert. Das rechte Auge ist herausgestochen. Aus dem aufgeschnittenen Bauch quillt das Gedärm. Im Rücken steckt ein Messer. Der ganze Körper ist
mit Schnitt- und Stichwunden übersät. Nur mit Mühe
unterdrücken die beiden Beamten ihren Brechreiz.

Lutz Truschke wird von Ärzten erneut psychiatrisch
untersucht. Gutachter bestätigen eine schizoide Persönlichkeitsstörung, wie sie schon nach dem ersten Mord
diagnostiziert wurde. Diese führt unter Alkoholeinfluss
zu einer hohen Aggressionsbereitschaft, die verbunden
ist mit sadistischen Phantasien von Gewalt und zu einer
schweren seelischen Abartigkeit gerät. Sie kommen aufgrund der zweiten, besonders grausamen Tat zu der Erkenntnis, dass auch künftig von Truschke eine erhebliche
Gefahr ausgehen könnte, zumal es für Sadismus keine
wirksame Psychotherapie gibt.

Das Landgericht Cottbus verurteilt Lutz Truschke im

September 2006 wegen Mordes im Zustand verminderter Steuerungsfähigkeit zu dreizehn Jahren Haft. Es ordnet zudem die Unterbringung in einem psychiatrischen Krankenhaus an. Die Richter verzichten deshalb auf die Anordnung von Sicherungsverwahrung.

Tödlicher Dreier

Juristisch sind die Verhältnisse bei Familie Blecha in Cottbus geklärt. Mehr als dreißig Jahre waren Frieda und Stanislaus ein Paar. Neunzehn Jahre waren die beiden alt, als sie sich 1944 im heute polnischen Lodz für den Bund der Ehe das Ja-Wort gaben. 1975 wurde die vor Gott besiegelte Gemeinschaft auf Antrag von Frieda vom irdischen Kreisgericht Cottbus-Stadt geschieden. Die Frau hatte die ständigen Misshandlungen ihres Mannes nicht mehr ertragen und auch dessen Fremdgehen nicht mehr toleriert.

Zu dieser Zeit liegt ein bewegtes Leben hinter dem Paar. Stanislaus wird mit sechzehn Jahren zur deutschen Wehrmacht eingezogen. Noch während der Kriegswirren heiratet er seine Frieda und zeugt mit ihr die erste Tochter. Wehrmachtssoldat Blecha gerät 1945 in sowjetische Kriegsgefangenschaft und kehrt erst nach fünf Jahren Lagerhaft nach Lodz zurück. Kurz danach siedelt die Familie in die DDR nach Cottbus über. In der Ehe werden zwei weitere Töchter geboren, die alle zum Zeitpunkt der Scheidung der Eltern ihre eigenen Haushalte führen.

Sieben Jahre nach der Trennung leben die beiden Blechas immer noch gemeinsam in einer Wohnung. Sie können nicht voneinander lassen. Ihr Bindeglied ist der Alkohol. Zwei bis drei große Flaschen Schnaps sind die wöchentliche Ration, am Wochenende reicht die gleiche Menge für Samstag und Sonntag manchmal kaum aus. Vor allem Stanislaus kommt ohne »sein täglich Bier und Schnaps« nicht aus: im Handelsbetrieb für Obst, Gemüse und Speisekartoffeln nicht, wo er als Transport- und Lagerarbeiter beschäftigt ist, und schon gar nicht daheim. In den eigenen vier Wänden kommt es je nach Pegelstand nicht selten zu handfesten Auseinandersetzungen zwischen den zusammenlebenden Ex-Eheleuten, die sich bei Frieda häufig in blauen Flecken an Kopf und Körper dokumentieren. Dennoch herrscht am nächsten Tag stets wieder Friede zwischen dem streitlustigen »Paar«.

Am 14. Oktober 1982 haben Frieda und Stanislaus gemeinsam Urlaub. Dennoch sucht der Transportarbeiter morgens seinen Betrieb auf, von dem aus er eine seiner Töchter telefonisch informiert, dass am nächsten Tag rare Köstlichkeiten wie Ananas, Pfirsiche, Mandarinen und Aprikosen in Form von Konserven zur Abholung bereitstünden.

Der Nachhauseweg des Mannes führt wie so oft über die Kaufhalle, in der er sich mit zwei großen Flaschen »Klarer« für zu Hause versorgt. Im heimischen Wohnzimmer hat es sich während seines »Betriebsausflugs« neben Frieda deren Freundin Anna Melker bequem gemacht. Die so auf einen »flotten Dreier« angewachsene Runde beschließt, sich einen gemütlichen Tag zu machen, bei dem Sex keine Rolle spielt, wohl aber jede Menge Alkohol. Jedenfalls laben sich die Drei so sehr daran, dass sich Stanislaus am Nachmittag nochmals auf den Weg zur Nachschubbasis für Schnaps und Bier machen muss.

Der frühe Abend des 14. Oktober 1982 endet dann wie so oft bei den Blechas: Sie geraten aneinander. Dem verbalen Streit folgen massive gegenseitige Beschimpfungen und körperliche Handgreiflichkeiten. Aus dem

Schultergelenk heraus versetzt Blecha seiner rechts von ihm sitzenden Ex-Gattin mit dem Handrücken mehrere kräftige Schläge ins Gesicht, die daraufhin, aus der Nase blutend, vom Stuhl fällt und mit dem Kopf hart auf den Teppichfußboden aufschlägt. Für Minuten bleibt sie dort regungslos liegen. »Markiere hier nicht die Tote, sondern stehe auf«, herrscht Blecha sie an. Frieda rappelt sich tatsächlich auf, wäscht sich das Gesicht, und der »flotte Dreier« setzt sich zur nächsten Runde Schnaps und Bier zusammen. Etwa gegen 21.30 Uhr ist das Trio mehr als stark benebelt und begibt sich zur Ruhe. Stanislaus legt sich im Wohnzimmer auf die Couch, und Anna Melker als Gast macht es sich im Schlafzimmer bequem. Was mit Frieda Blecha passiert, kümmert die beiden nicht.

Am nächsten Morgen findet Stanislaus seine Frieda laut vor sich hin schnarchend nackt im Korridor liegend. Ihm, wie auch Anna Melker, gelingt es nicht, die Schlafende zu erwecken. Gemeinsam ziehen sie Frieda ein Nachthemd über und lassen die Frau liegen, wo sie liegt. Sie soll ungestört ihren Rausch ausschlafen. Blecha braucht hingegen etwas gegen das flaue Gefühl im Bauch und besorgt eine Flasche »Magenbitter« aus dem Spirituosenregal der Kaufhalle. Im Wohnzimmer nehmen Anna Melker und er einige Gläschen mit der hochprozentigen Medizin zu sich und hören, dass sie von Frieda aus dem Korridor nichts mehr hören. Deren Schnarchen ist verstummt. Bei näherer Überprüfung sind auch Pulsschläge und Herztöne nicht wahrnehmbar. Aus dem »flotten Dreier« ist ein »tödlicher Dreier« geworden.

Blecha informiert telefonisch vom Postamt aus seine Töchter, dass ihre Mutter verstorben ist. Die Kinder sind wenig später in der elterlichen Wohnung und – tun nichts. Oder besser gesagt, nicht das Naheliegende. Statt einen Arzt zu rufen, gehorchen sie ihrem Vater. »Legt sie aufs Bett und kommt am Abend wieder. Dann sehen wir weiter«, befiehlt er ihnen.

Gentlemanlike begleitet Stanislaus Blecha Anna Melker noch aus dem Haus. Zurückgekehrt, beschließt er, sich mit Gas das Leben zu nehmen. Der Selbstmordwillige legt sich neben Frieda ins Ehebett und schläft ein. Am Abend wird er durch das Klingeln an der Wohnungstür wach. Die Luft riecht nach Fusel, aber nicht nach Gas. Er hatte vergessen, die Hähne am Gasherd zu öffnen. Draußen vor der Tür stehen seine drei Töchter und ein Schwiegersohn, der umgehend einen Notarzt ruft. Der kann nur noch den »unnatürlichen Tod« der Frieda Blecha feststellen.

Die Morduntersuchungskommission der Cottbuser Polizei übernimmt die Ermittlungen. Stanislaus Blecha wird verhaftet und muss unfreiwillig in die Untersuchungshaftanstalt in die Bautzener Straße in Cottbus umziehen.

Bei der Obduktion der Leiche an der Medizinischen Akademie in Dresden wird als Todesursache ein subdurales Hämatom, also eine Blutansammlung zwischen harter Hirnhaut und den weichen Hirnhäuten, als Folge des Sturzes nach den Schlägen des Mannes gegen den Kopf des Opfers festgestellt.

Stanislaus Blecha muss sich vor dem Kreisgericht Cottbus-Stadt wegen Körperverletzung mit Todesfolge verantworten. Entgegen der Auffassung der Verteidigung erkennen die Richter einen kausalen Zusammenhang zwischen den Schlägen des Angeklagten gegen den Kopf der Frau und dem Sturz auf den Fußboden, der das Hämatom und damit den Tod verursachte. Stanislaus Blecha wird zu einer Freiheitsstrafe von drei Jahren und acht Monaten verurteilt. Die Verteidigung hat mit einer Berufung und einem Antrag auf Kassation des Urteils beim Obersten Gericht der DDR keine Erfolge.

Blecha verbüßt seine Strafe in einem Gefängnis in Leipzig und ist dort als Zellenältester eingesetzt, eine Funktion, die er gewissenhaft ausführt und bei der er streng auf Disziplin und Ordnung achtet. Im August 1985 wird er auf Bewährung aus der Haft entlassen.

Der Trabi-Mord

Für das vorletzte Septemberwochenende 1990 hat Familie Radmacher aus Cottbus einen Ausflug geplant. Mit der ganzen Familie soll es am Samstag ins benachbarte Polen gehen. Dort lässt es sich gut und günstig einkaufen, erst recht seit man nicht mehr die Alu-Chips der DDR-Währung, sondern die harte bundesrepublikanische Deutsche Mark in der Tasche hat. Die Grenzübergänge in Guben und Bad Muskau stehen zur Auswahl. Sie liegen beide etwa gleich weit entfernt. Es sind gut vierzig Kilometer. Zwar ist es zum Grenzübergang nach Forst über die Autobahn nur etwas mehr als die halbe Strecke, doch dort gibt es keine so großen Märkte wie jenseits der Neiße von Guben und Bad Muskau. Die Stimmung bei Radmachers ist gereizt, als Rudolf Radmacher, das siebenundvierzig Jahre alte Familienoberhaupt, entscheidet: »In Guben an der Grenze soll es lange Warteschlangen geben. Wir fahren nach Bad Muskau, und auf dem Rückweg machen wir noch bei der Oma halt. Liegt ja auf der Strecke.« Die Töchter, Maja, fünfzehn Jahre alt, und ihre vier Jahre jüngere Schwester Uta, maulen: »Schon wieder zur Oma! Wir waren doch erst vorige Woche da.«

»Na und, Oma freut sich, und außerdem will ich noch die ›Schüssel‹ anbringen, damit sie endlich die Westsender vernünftig empfangen kann«, duldet der Vater keinen Widerspruch. »Ich muss nur noch schnell zum Zahnarzt, meine Zahnprothese abholen. Die ist mir gestern kaputtgegangen.« Das wiederum bringt die 38-jährige Ehefrau

Regina in Rage. »Wann wollen wir denn da loskommen?«, fragt sie entrüstet. Als Rudolf Radmacher dann auch noch verfügt, dass mit dem Trabi gefahren wird und nicht mit dem neuen, knapp 35.000 Mark teuren BMW, den sich der Mann ein paar Tage nach der Währungsunion gekauft hatte, bessert das die Stimmung nicht auf. Für die Nobelkarosse war das Konto geplündert worden, auf dem das Geld für ein eigenes Haus angespart werden sollte. Regina war damals dagegen, doch ihr Argument, dass der Trabant 601 gerade einmal vier Jahre alt und tadellos in Schuss war, hatte Autonarr Rudolf nicht von der Anschaffung abhalten können. Von der Oma mussten sogar noch 10.000 Mark geborgt werden. Der BMW war des Mannes ganzer Stolz, und er ließ sonst keine Gelegenheit aus, um den schicken Wagen Nachbarn, Freunden, Bekannten und Verwandten oder Arbeitskolleginnen und -kollegen vorzuführen. Immerhin war man ja wer als jahrelanger Brigadier der Fußbodenleger an einer Fließstrecke des Wohnungsbaukombinats Cottbus, das in Berlin Häuser baute und seine Montagearbeiter gut entlohnte. Heute aber gibt es kein Pardon. »Wir fahren mit dem Trabi. In Polen wird viel zu viel geklaut. Außerdem will ich bei der Oma noch den Hänger mitnehmen fürs Beton machen am Bungalow im Garten. Am BMW ist nun einmal keine Hängerkupplung dran«, wischt er alle Einwände vom Tisch.

Kurz nach zehn Uhr geht es endlich los. Rudolf lässt Ehefrau Regina ans Lenkrad. Seit fünf Jahren sind sie verheiratet, Rudolf zum zweiten Mal nach der Scheidung von seiner ersten Frau nach zweiundzwanzig Jahren Ehe.

Mächtig eingebüßt hatte er damals. Haus und Grundstück waren der Ex zugesprochen worden, und was er als Gegenwert dafür ausbezahlt bekommen hatte, war wirklich kaum der Rede wert. Schlappe 37.000 DDR-Mark waren es. Regina, das wusste er, war schnell mal aufbrausend, aber beim Autofahren würde sie sich wieder beruhigen. Der Trabi ist ja ihr Auto. Sie will die Pappschachtel ohnehin behalten. »Der Trabi ist doch noch gut. Für die Fahrten zur Arbeit und in die Stadt reicht er«, hat sie ihm mehr als einmal versichert. Deshalb hat er ihr lieber nicht gebeichtet, dass er am Vortag 10.000 Mark vom Bankkonto abgehoben hat. Vielleicht, so spekuliert er, gibt's unterwegs günstig ein Westauto zu ergattern. Wenn es nicht klappt, könnte er ja auch die Schulden bei der Oma begleichen.

Bei Regina ist es bereits die vierte Ehe. Kaum achtzehn Jahre alt, hatte sie zum ersten Mal geheiratet. Nach einem halben Jahr war schon wieder Schluss. Auch mit dem zweiten Partner und Vater ihrer Tochter Maja hatte es nicht geklappt. Der hatte an der Erdgastrasse »Druschba« in der Sowjetunion gearbeitet. Bei dem zentralen Jugendobjekt der Freien Deutschen Jugend (FDJ) der DDR, das über 550 Kilometer durch die Ukraine von Krementschug am Dnepr bis nach Bar in der Westukraine führte, verdiente man »richtig Kohle«, doch dem Familienleben junger Leute war es abträglich. Die dritte Ehe mit Dietmar, der Maja sofort nach der Heirat adoptiert hatte und in der Tochter Uta geboren wurde, endete tragisch. Der Ehemann verstarb 1980 an Krebs. Im März 1985 hatten sich Regina und Rudolf in der Gaststätte *Stadt Cottbus* in Cottbus bei einem Tanzabend kennengelernt. Bereits ein halbes Jahr später gaben sie sich auf dem Standesamt das Ja-Wort. Maja und Uta wurden die Stieftöchter von Rudolf, die er adoptierte und die seinen Namen erhielten. Regina war klug und strebsam und nahm ihm Dinge ab, die ihm nicht so lagen, wie beispielsweise den ganzen Schriftkram. Lesen und Schreiben bereiteten ihm von klein auf Schwierigkeiten. Deshalb schaffte er nur den Abschluss der vierten Klasse. Dafür war er ein guter Handwerker, der vieles selbst machen konnte und der es immerhin zu einem anerkannten Brigadier geschafft hatte.

Es lief anfangs alles gut, doch inzwischen knirscht es oft in ihrer Ehe. Regina passt es nicht, dass der Mann, wenn er von Montage nach Hause kommt, die Wochenendgestaltung in die Hände nehmen will nach dem Motto: »Ich bin die ganze Woche über in Berlin, da kann sich die Familie am Wochenende nach mir richten.« Er weiß, dass Regina als verantwortliche Schichtschwester in der Rettungsstelle des Bezirkskrankenhauses auch einen anstrengenden Job hat, aber sie ist eben zu Hause. Im Streit hatte die Gattin schon mehrmals mit der Scheidung gedroht. Darüber konnte er aber nur lächeln. »Eine Scheidung kommt für mich nie mehr in Frage«, das hat sich Radmacher geschworen. Außerdem haben sie sich ja immer wieder vertragen, auch im Bett.

Eine Dreiviertelstunde später bei der Ankunft an der Grenze hat sich der anfängliche Stress gelegt. Sie stellen das Auto in Bad Muskau auf einem Parkplatz nahe der Grenze ab und gehen zu Fuß hinüber in den polnischen Teil der Parkstadt, der jetzt Łęknica heißt. Die extra für den Polenmarkt angefertigte Einkaufsliste wird abgearbeitet. Die Zahl der Beutel nimmt von Stand zu Stand zu. Am Ende stecken darin zwei Jeansjacken mit Webpelz für die Mädchen, eine Jeanshose, ein Paar Schuhe für Regina, einige Pullover und Tonbandkassetten, zwei Sechspfund-Brote, vier Stücke Butter, etwas Wurst, Kaffee und noch Schnickschnack für die Kinder.

Die Rennerei von Marktstand zu Marktstand raubt Rudolf die Geduld. Deshalb geht man nach einer Stunde lieber getrennte Wege. Die Frauen tummeln sich weiter zwischen den Verkaufsbuden, er schaut zielgerichtet nach Werkzeug. Er hätte ja auch etwas zum sechsten Hochzeitstag für Regina kaufen können, der in drei Tagen ist, aber auf den Gedanken kommt er nicht. Für dreizehn Uhr hat sich die Familie an der Grenzbrücke verabredet, und zu Vaters Überraschung sind Frau und Töchter pünktlich. »Jetzt fahren wir zur Oma Kaffee trinken«, gibt Rudolf die nächste Station der Reise bekannt. »Danach baue ich die ›Schüssel‹ an.« Die Antenne hatte er vor einer Woche bei einem türkischen Händler in Westberlin gekauft und der Mutti versprochen, dass er sie an diesem Wochenende anmontiert.

Kaum hat Rudolf den Karton mit den Einzelteilen ausgepackt, bricht schon wieder Zank zwischen den Eheleuten aus. »Gibt es die Anleitung auch auf Deutsch, die hier ist ja nur auf Englisch«, schimpft Regina. Alles Suchen hilft nichts, es gibt nur dieses eine Stück Papier. »Wie willst du das denn machen? Kannst du englisch? Hast du Ahnung davon«, echauffiert sich die Gattin. »Nee, habe ich nicht. Das wird zusammengebaut wie ein Stabilbaukasten. Man kann eigentlich nichts falsch machen, wenn man Interesse dafür hat.« Radmacher ist sich seiner Sache sicher und hat tatsächlich in überschaubarer Zeit die Teile zusammengefügt. »In welche Richtung musst du die Schüssel nun ausrichten?« Kaum fertig mit der Vormontage, platzt Regina schon mit der nächsten Frage heraus, die im Ton voller Zweifel an seinen Fähigkeiten ist. Dabei hatte er sich bei dem türkischen Händler genau danach erkundigt. »In die Richtung, aus der mittags um zwölf die Sonne scheint«, hatte der ihm gesagt. »Na, wohin schon, dahin, wo mittags um zwölf die Sonne scheint«, gibt er der Frau zu verstehen, die nach dieser Antwort vor Wut fast platzt, so verarscht wie sie sich fühlt. Die Oma bekommt nicht viel mit von der Streiterei. Die Eheleute nehmen sich vor ihr zusammen, helfen ihr sogar noch, die Hühner von den Bäumen zu holen, auf die sich das Federvieh letzte Nacht gerettet hatte, als der Fuchs Jagd in ihrem Stall gemacht hatte.

Es ist inzwischen spät geworden, bereits neunzehn Uhr. Um diese Zeit wollten Regina und die Mädchen längst daheim in Cottbus sein. Über dem ewigen »Put, Put, Put«, um die Hühner von den Bäumen zu holen, und dem akribischen Beladen des Trabis durch Rudolf war es schon dämmrig geworden. Rudolf hatte aber auch die Ruhe weg beim Verstauen der Einkäufe, die sie der Oma am Nachmittag präsentiert hatten, und der verschiedenen anderen Dinge, die mitzunehmen waren. Der voll mit Benzin gefüllte Zwanzig-Liter-Kanister ist schließlich sicher mit einer Schnur aufrecht stehend am Schloss des Kofferraums festgezurrt, die diversen Beutel mit den Einkäufen vom

Polenmarkt und der Karton mit den Schuhen sind untergebracht, das Reserverad und verschiedene andere Dinge wie Werkzeug, Wagenheber, Warndreieck, ein Einkaufskorb und weitere Beutel mit Äpfeln sowie ein alter Schulranzen mit einem leeren Fünf-Liter-Benzinkanister darin endlich verstaut. Im Fahrzeuginneren zwischen Fahrersitz und Rückbank klemmt ein Blecheimer, gefüllt mit drei Originalflaschen mit Nitroverdünnung, einer Flasche Alkydharzverdünnung, einem Drei-Liter-Gurkenglas mit Alkydharzfarbe und einer leeren Bierdose mit einem Pinsel. Vorn im Bereich der Handbremse ist außerdem noch eine Blechbüchse mit Pinseln und Verdünnung verstaut. »Statt des Eimers mit der Farbe und den Lösungsmitteln hätte er ja auch den Korb mit den Äpfeln von Oma hinter die Sitze stellen können«, denkt sich Regina. Sie will aber nicht schon wieder streiten.

Schließlich ist die Familie, nervlich angespannt, fertig zur Abfahrt. Maja und Uta sitzen eingezwängt auf der Rückbank hinter dem Beifahrersitz, weil auf der anderen Seite durch den Blecheimer kein Platz ist. Anders als bei der Hinfahrt sitzt Rudolf Radmacher hinter dem Lenkrad. Er kennt die Ortsverbindungsstraße gut, die vom Grundstück der Oma zur Fernverkehrsstraße nach Cottbus führt. Sie schlängelt sich durch kleinere Dörfer, rechts und links wachsen Bäume, hat einige leicht zu fahrende Kurven und mal geht es bergauf und dann wieder bergab. Dennoch hat die Fahrt ihre Tücken. Erst bemerkt Beifahrerin Regina, dass die Motorhaube nicht richtig verschlossen ist. Den zweiten Halt erzwingt sie von Ehemann Rudolf, weil ihr der Gestank aus der Bierdose mit Farbpinsel und Verdünnung in die Nase fährt und Kopfschmerzen bereitet. Sie verbannt die Büchse in den Kofferraum. Das geht schnell. Zum dritten Stopp sieht sich der Fahrer selbst genötigt. In einer Kurve bemerkt er einen Fehler in der Blinklichtanlage des Anhängers. Er steigt aus, hantiert an der Steckdose neben der Anhängerkupplung, öffnet den Kofferraum und werkelt darin herum. Mit einem Apfel in der Hand setzt er sich hinter das Lenkrad.

Rudolf ist ein guter Kraftfahrer, ist seit über dreißig Jahren im Besitz von Führerscheinen für verschiedene Kraftfahrzeuge vom Moped bis zum Auto. Er fährt vorsichtig, die Straße ist leicht abschüssig, und bei Nässe kann man hier schon mal von der Fahrbahn rutschen. Einst war hier die Geschwindigkeit auf dreißig Kilometer pro Stunde begrenzt. Das Schild ist zwar weg, doch viel schneller fährt Rudolf Radmacher trotzdem nicht. Als hätte er es geahnt, kommt das Auto von der Straße ab und rutscht mit dem rechten Vorderrad in den Straßengraben. Die kleine, relativ dünne Birke, gegen die der Trabant mit dem rechten Frontteil stößt, wippt bei dem Aufprall leicht, federt ihn dadurch ab.

Dann, wie aus dem Nichts, die Katastrophe!

Sekunden nach dem Rutscher gegen das Bäumchen lodern aus dem Fahrzeuginneren Flammen, die sich rasend schnell ausbreiten und das ganze Fahrzeug erfassen.

Die Polizisten der Verkehrsunfallbereitschaft des Volkspolizei-Kreisamtes (VPKA) Spremberg, in deren Verantwortungsbereich die Unfallstelle liegt, sind eine halbe Stunde später am Ort des Geschehens. Ihr Bericht liest sich nüchtern:

Die Unfallstelle liegt 29 m hinter dem Ende einer Links-kurve. Das Fahrzeug war nach dem Unfall in Brand geraten. Spuren, welche auf das Abkommen von der Fahrbahn schließen lassen, konnten nicht festgestellt werden. Der Pkw stand rechts, im Straßengraben, mit dem rechten Scheinwerferteil gegen einen Baum gelehnt. Dieser Teil des Fahrzeuges war deformiert. (…) Zum Unfallzeitpunkt herrschte kein Niederschlag. Die Fahrbahn war trocken. In Höhe der Unfallstelle weist die Fahrbahn leichtes Gefälle auf. Sie trägt eine Asphaltdecke, welche sich im guten Zustand befindet. Die Fahrbahnbreite beträgt 6,00 m.

Eher als die Polizisten aus der fernen Kreisstadt sind andere Autofahrer, die kurz nach dem Unfall die Straße passieren, Helfer aus einem nahe gelegenen Dorf und die Freiwillige Feuerwehr aus Spremberg vor Ort. Ihnen bietet sich ein Bild des Grauens.

Zu den Helfern gehören Jürgen Froster und seine Ehefrau Julia. Jürgen Froster kann sich an viele Details erinnern. Das Ehepaar ist auf dem Heimweg nach Spremberg, als es die Unfallstelle passiert. Beide sehen das brennende Auto und wissen sofort: »Hier müssen wir helfen.« Froster, der auf dem Beifahrersitz Platz genommen hatte, springt aus seinem Fahrzeug, noch bevor es in etwa fünfzehn Meter Entfernung zum Unfallwagen richtig zum Stehen kommt. »Beim Vorbeifahren habe ich keine Personen im oder am brennenden Trabi wahrgenommen. Ich bin um mein Auto herum- und dem brennenden Fahrzeug entgegengerannt. Von der Fahrbahnmitte aus habe ich zweimal gerufen: ›Hallo, ist hier jemand?‹ Plötzlich trat ein Mann aus dem Schatten der Baumgruppe heraus, in die der Unglückswagen hineingefahren war. Er hat wahrscheinlich auf der Beifahrerseite des Fahrzeuges gestanden. Ich habe nicht weiter auf ihn geachtet, weil ich plötzlich auf dem Damm des Straßengrabens eine brennende Gestalt sah. Die kann nur aus dem Auto gekommen sein.« Trotz des entsetzlichen Anblicks einer lebenden Fackel reagiert Jürgen Froster, so gut er kann. Er hastet zu der Gestalt auf dem Damm. An der wimmernden Stimme erkennt er, dass es sich um eine Frau handeln muss. Als er sie auf den Rücken drehen will, um die Flammen zu ersticken, rafft sich die Verletzte auf und rennt auf die angrenzende Wiese. »Schmeiß dich hin, und wälze dich auf den Rücken«, schreit er ihr zu. Froster hastet zu seinem Auto zurück und fordert seine Frau auf, eine Decke herauszureichen, die er auf das Opfer legt, um das Feuer zu ersticken. Das fleht ihn an: »Bitte helfen Sie, im Auto sind noch meine Kinder.« Der Mann aus der Baumgruppe, es ist Rudolf Radmacher, ist inzwischen ebenfalls bei der Verletzten, seiner Ehefrau Regina, eingetroffen. »Deck sie zu und bleib bei ihr«, ruft Froster ihm zu und versucht, an den lichterloh brennenden Trabi zu gelangen. Zwei Meter davor muss er innehalten. Zu groß ist die Hitze. Er kann nicht mehr helfen. Im Unfallbericht der Polizei wird später vermerkt:

Im bis auf die Metallteile abgebrannten Fahrzeug befanden sich noch zwei verkohlte Leichen. Auf der Rückbank, in der äußersten rechten Ecke (Fahrtrichtung) befand sich aufrecht sitzend eine Person, welche eine goldfarbene Halskette trug. Vor deren Füßen lag eine weitere Person, mit den Füßen zur Beifahrertür und dem Kopf in Richtung Mitte der hinteren Sitzbank.

Als Froster sich wieder der Wiese zuwendet, sieht er, dass Radmacher der Frau den Mund zuhält und die Decke nach oben zieht. Dass die Hose an den hervorlugenden Beinen wieder brennt, scheint er nicht zu bemerken. »Zieh die Decke runter«, schreit Froster.

Die Helfer am Unfallort, die sich bis zum Eintreffen des Krankenwagens um die Frau mit schwersten Verbrennungen von Kopf bis Fuß kümmern, sind nicht nur von dem schrecklichen Anblick der Verletzten erschüttert. Noch grausamer ist das, was sie aus ihrem Mund hören. »Das ist der Mörder meiner Kinder. Er hat uns mit Spiritus übergossen und mit einem Feuerzeug angezündet.« Regina Radmacher, die als Krankenschwester wohl wusste, wie ernst es um sie stand und dass sie sterben könnte, erhebt weitere Vorwürfe. »Er hat mich vorher verkehrt angegurtet, so dass ich mich nicht rechtzeitig befreien konnte. Dann hat er mich mit dem Fuß getreten und die Beifahrertür zugehalten«, behauptet sie. Sie fleht die Helfer an: »Bleiben Sie hier bei mir. Lassen Sie mich mit meinem Mann nicht allein. Er ist ein Mörder, er will mich umbringen.« Sind das Wahnvorstellungen einer lebensbedrohlich verletzten Frau, die nicht mehr weiß, was sie redet? Die Helfer können und wollen nicht glauben, was sie da hören.

Ein Fahrzeug der Feuerwehr bringt Rudolf Radmacher, der selbst Verbrennungen im Gesicht, auf dem Rücken und den Beinen davongetragen hat, die aber nicht lebensbedrohlich sind, in das Kreiskrankenhaus nach Spremberg. Regina Radmacher fleht die Notärztin im Krankenwagen an: »Bitte bringen Sie mich nach Cottbus in die Rettungsstelle des Bezirkskrankenhauses zu meinem Chefarzt. Nur der kann mich noch retten.«

Der Krankenwagen hat wenige Minuten nach zwanzig Uhr die Rettungsstelle erreicht. Dort weiß man bereits, dass eine Frau mit lebensbedrohlichen Brandverletzungen eingeliefert wird. Krankenpfleger Achim Konrad traut seinen Ohren nicht, als ihm die Notärztin sagt: »Wir bringen die Schwester Regina.«

»Wir konnten uns erst gar keinen Reim darauf machen. Erst beim näheren Herantreten erkannte ich die Regina Radmacher. Obwohl sie durch die schweren Verletzungen mächtig beeinträchtigt war, konnte man sie dennoch erkennen.«

Regina Radmacher ist noch immer bei vollem Bewusstsein und scheint klar im Denken zu sein. Als sie Achim Konrad erblickt, der mit einer normalen Krankentrage angerückt ist, fordert sie ihn auf: »Nein, nicht die. Bring die Trage aus dem Schockraum.«

In der Rettungsstelle leitet der Chefarzt die Versorgung seiner Krankenschwester, die er seit vielen Jahren kennt und deren gewissenhafte Arbeit er schätzt. Auf die Frage, was denn passiert ist, sprudelt es aus ihr in abgehackten Sätzen heraus. »Er wollte uns umbringen.« – »Der hat uns in den Straßengraben gefahren.« – »Im Auto hat es nach Benzin gerochen.« – »Er hat uns mit Spiritus besprizt und mit dem Feuerzeug angezündet.« – »Meine Kinder sind verbrannt.« – »Ich habe mich gewehrt.« – »Der hat mich falsch angeschnallt.« – »Ich kam dann los, wollte raus, der trat mich dann mit Füßen.« – »Als ich schreien wollte, ›Hilfe, der bringt uns um‹, hat er mir den Mund zugehalten.« – »Ich habe mich tot gestellt, damit er von mir ablässt. Das tat er dann auch, erst dann konnte ich raus.«

Als der Chefarzt ins Krankenblatt als Diagnose »Verbrennungen nach Verkehrsunfall« eintragen will, protestiert Regina Radmacher heftig: »Nein, das war kein Unfall. Der wollte uns umbringen.«

»Frau Radmacher muss bemerkt haben, dass wir ihr nicht so recht glaubten«, sagt der Arzt später bei der Polizei aus. »Meiner Meinung nach ließ sie der Zwang, uns etwas mitteilen zu wollen beziehungsweise zu müssen, diese unmenschlichen Schmerzen ihrer Verletzungen überwinden.« Nach der ärztlichen Versorgung in der Rettungsstelle des Krankenhauses wird Regina Radmacher in ein künstliches Koma versetzt und auf die Intensivstation verlegt. Mit Schläuchen und Atemmaske an Maschinen angeschlossen, kämpft sie um ihr Leben.

Während Regina Radmacher mit dem Tode ringt, geht Ehemann Rudolf in die Offensive, um die schweren Vorwürfe seiner Frau, die er selbst gehört hat und die ihm auch von der Notärztin im Krankenwagen nach ihrer Rückkehr mitgeteilt wurden, zu entkräften. Einen Tag nach dem Unfall bittet er Polizisten des VPKA Spremberg an sein Krankenbett. Er berichtet vom Streit des Ehepaars im Auto, dass er von der Fahrbahn abgekommen ist und dass es plötzlich »Puff« gemacht hat und das Auto in Flammen stand. Tags darauf ergänzt er seine Aussage und berichtet vom Zwanzig-Liter-Kanister im Kofferraum, der dort fest angebunden und möglicherweise bei einem Halt vor dem Unfall von seiner Frau gelockert worden war, dass er aus dem Fenster geklettert ist, weil die Tür blockiert war und wie er seine Frau und die Kinder retten wollte. Er selbst kann die Protokolle der Aussagen nicht lesen und unterschreiben. Das müssen neutrale Zeugen der Befragungen tun. Sie lesen das Aufgeschriebene vor und erhalten von ihm die Zustimmung, die Papiere zu signieren. Radmacher sind Augen und Hände wegen seiner Brandverletzungen verbunden. Die sind allerdings weit weniger schwer als die seiner Ehefrau.

Regina Radmacher verliert den Kampf gegen den Tod. Zwei Tage nach dem Unfall erliegt sie ihren akuten Verletzungen. Todesursache sind Verbrennungen zweiten und dritten Grades von etwa achtzig Prozent der Körperoberfläche. Insbesondere der ganze Kopf und Hals, die vordere und linke seitliche Brustwand, der Oberbauch, der Rücken und die Arme und Beine waren unheilbar beschädigt. Lebenswichtige Organe versagten ihre Dienste. Die flächenhafte Ausdehnung der Verbrennungen deuten auf ein explosionsartiges Brandgeschehen hin, heißt es im Obduktionsbericht der Gerichtsmediziner.

Die Polizei geht trotz der Anschuldigungen von Regina Radmacher zunächst von einem Unfall mit besonders tragischem Ausgang aus. Offensichtlich waren bei dem Aufprall des Fahrzeugs gegen den Baum Benzin und andere brennbare Flüssigkeiten im Fahrzeuginneren ausgelaufen und durch einen technischen Defekt der Elektrik oder heiße Teile des Motors oder der Auspuffanlage entzündet worden, so die Erklärung. Routinemäßig wird dennoch der in Cottbus für Ermittlungen bei unnatürlichen Todesfällen zuständige Bezirksstaatsanwalt,

Horst Helbig, informiert. Als ihm telefonisch mitgeteilt wird, dass zwei Kinder in einem Auto verbrannt sind und eine Person lebensgefährlich verletzt wurde, horcht der erfahrene Ermittler auf. Als er später von den Aussagen Radmachers im Krankenhaus mit den Erklärungen zum Unfallhergang erfährt, schrillen bei ihm die Alarmglocken. »Der hat eine Menge erzählt, warum das Feuer so plötzlich ausgebrochen ist und wie er sich selbst gerettet hat. Nur das Schicksal der Kinder und der Frau hat ihn nicht interessiert. Da habe ich mir gesagt, dem musst du nachgehen«, erinnert sich Helbig noch Jahre später an den Beginn der Ermittlungen, die ihn lange beschäftigen.

Der Staatsanwalt fährt an den Unfallort und sieht sich den ausgebrannten Trabi, der gerade auf den Hof des VPKA in Spremberg transportiert werden soll, genauer an. Vom Auto ist nur noch das Metallgerüst übrig geblieben. Ihm fällt auf, dass der Tank augenscheinlich bei dem Aufprall nicht beschädigt worden war. Von da aus, so seine Erkenntnis, kann das Feuer nicht gekommen sein. »Also musste es eine andere Quelle gegeben haben. Die wollte ich finden.« Helbig beißt sich an dem Fall fest und lässt nicht locker. Warnungen, dass er sich womöglich verrennt, gibt es sowohl bei der Polizei als auch der Staatsanwaltschaft in der Folge genug.

Anfang Januar 1991 wird Rudolf Radmacher zur Vernehmung bei der Staatsanwaltschaft Cottbus geladen. Er erscheint pünktlich um neun Uhr und erklärt sich nach Belehrung über sein Aussageverweigerungsrecht zu umfassenden Angaben über den Unfall bereit. Er schildert den Ablauf am Unfalltag, spricht über den Familienalltag mit allen Höhen und Tiefen, auch über die Streitigkeiten vor der Abfahrt nach Polen und später bei der Oma und die drei Zwischenstopps während der Heimfahrt. Die dramatischen Minuten vom dritten Halt wegen der defekten Blinklichtanlage am Anhänger, dem Abkommen von der Fahrbahn und dem folgenden Feuerinferno spielen eine entscheidende Rolle. Beim dritten Halt sei ihm aufgefallen, dass am Kanister, den er am Kofferraumschloss festgebunden hatte, noch ein Einkaufskorb und ein Beutel befestigt waren. »Das muss meine Frau gewesen sein, als sie die Büchse mit dem Pinsel wegen des Gestanks in den Kofferraum gebracht hat«, ist seine Erklärung. Ansonsten aber war alles im Kofferraum geordnet. Auf der Weiterfahrt sei dann erneut Streit ausgebrochen. »Regina fing wieder wegen der Satellitenschüssel an zu streiten und verlangte von mir, dass ich anhalte. Das war aber von mir nicht geplant. Regina hat mir mit der Hand an den Kopf geschlagen und die Beifahrertür geöffnet. Dann hat sie ins Lenkrad gegriffen. Kurz danach waren wir auch schon im Straßengraben.« Nach dem Aufprall auf den Baum habe er etwas hell aufleuchten gesehen, als wenn die Birne vorn kaputtgegangen sei. »Nach einigen Sekunden gab es dann diesen Puff, und das Auto stand in Flammen.« Radmacher schildert, dass er nur noch ein Knastern gehört und mit geschlossenen Augen seinen Sicherheitsgurt entriegelt hat und die Tür öffnen wollte. Weil das nicht möglich war, habe er das Fenster der Fahrertür heruntergekurbelt und sei mit den Händen voran aus dem Fenster geklettert.

»Und wie ging es dann weiter?«, wollen die Vernehmer wissen.

»Meine Frau und die Kinder saßen wie starr im Auto. Ich habe nichts gehört, es schrie keiner. Benzingeruch habe ich nicht wahrgenommen. Ich rannte um das Auto, um meine Frau zu befreien. Die Beifahrertür war etwa zwanzig Zentimeter offen. Die Tür steckte im Sand, ich habe dagegen getreten, um sie aufzumachen. Ich habe meine Frau gegen die Rücklehne gedrückt, um sie seitlich aus dem Sicherheitsgurt herauszuziehen, da ich den Sicherheitsgurt nicht lösen konnte. Die Frau habe ich dann am Hinterrad abgesetzt und wollte noch die Kinder rausholen. An die bin ich nicht mehr rangekommen.«

Im weiteren Verlauf der Befragung treten zahlreiche Widersprüche zu den bisherigen Ermittlungsergebnissen und Zeugenaussagen auf. So wurde der Zwanzig-Liter-Benzinkanister nach den Löscharbeiten liegend im Kofferraum gefunden, der Verschluss war geöffnet. Radmacher will sich aktiv an den Rettungsmaßnahmen beteiligt haben, Helfer vor Ort behaupteten genau das Gegenteil. Während er seine Frau aus dem Auto gezogen und am Hinterrad abgesetzt haben will, sah Helfer Jürgen Froster sie als lebende Fackel davonrennen. Sachverständige haben nichts gefunden, das auf einen unfallbedingten Schaden am Tank, an der Momentanverbrauchs-anzeige-Messung, der Benzinleitung oder auf einen technischen Defekt als Ursache für den Brand, noch dazu in dieser kurzen Zeit mit der explosionsartigen Ausbreitung, schließen lässt.

Das Kreisgericht Cottbus erlässt am 10. Januar 1991 Haftbefehl wegen Mordes gegen Rudolf Radmacher. Sieben Monate später öffnen sich die Gefängnistore für den

Tatverdächtigen wieder. Die Wende in der DDR hatte auch bei der Justiz für Irrungen und Wirrungen gesorgt. Ermittlungen kamen ins Stocken, Gutachten ließen auf sich warten. Die Richter des in Potsdam angesiedelten Besonderen Senats verlängerten die Untersuchungshaft über die inzwischen abgelaufene Regelfrist von sechs Monaten nicht. Anhand der bisherigen Ermittlungsergebnisse verneinten sie das Vorliegen eines dringenden Tatverdachts gegen den U-Häftling und ordneten seine sofortige Freilassung an. Die Erkenntnisse der Spezialisten des gemeinsamen Landeskriminalamtes der neuen Bundesländer und der Bergakademie Freiberg überzeugen die Richter nicht.

Freunde, Bekannte, Verwandte und Arbeitskollegen und vor allem die neue Lebenspartnerin von Rudolf Radmacher sehen sich durch den Richterspruch in ihrer Auffassung bestätigt, dass dieser niemals ein solches schreckliches Verbrechen, das zu seiner vorübergehenden Verhaftung geführt hatte, begangen haben könnte. Staatsanwalt Horst Helbig allerdings ist vom Gegenteil überzeugt. Er lässt nicht locker. Er trifft sich mit Experten aus dem Westen, unter anderem mit einem Ober-Ingenieur der DEKRA in Dortmund und einem renommierten Freiburger Professor von der Universität-Gesamthochschule Wuppertal. Der eine ist Sachverständiger auf fahrzeugtechnischem Gebiet, der andere als Diplomchemiker und Ingenieur Fachmann auf dem Gebiet des Brand- und Explosionsschutzes. Sie sind zunächst skeptisch, als Helbig sie für die Gutachten gewinnen will. Als sie sich jedoch intensiv mit den Fakten vertraut machen, sind sie entschlossen, mit ihrem Sachverstand bei der Beantwortung der Frage zu helfen, ob der Tod von Regina Radmacher und ihren Töchtern Maja und Uta ein schrecklicher Unfall oder eben doch ein heimtückischer Mord war. An der Unfallstelle in der Lausitz wird experimentiert und der Unfallhergang rekonstruiert. Es werden Abstände vermessen und Zeiten gemessen, Brandversuche durchgeführt und Spuren ausgewertet. In den Werkstätten der DEKRA wird getestet und in den Laboren der Uni Wuppertal experimentiert. Nach der Auswertung der Experimente und den wissenschaftlichen Analysen sowie den Erkenntnissen aus einer Vielzahl von Zeugenbefragungen ergibt sich ein Bild, in das erneut Rudolf Radmacher als Hauptverdächtiger rückt. Im April 1993 wird zum zweiten Mal Haftbefehl gegen den dringend Tatverdächtigen erlassen. Er wird in die Justizvollzugsanstalt Cottbus eingeliefert. Rudolf Radmacher ist am Tiefpunkt seines Lebens. Doch warum sollte er, wie es im Haftbefehl ausgesagt wird, möglicherweise das Leben seiner Familie ausgelöscht haben?

Als Regina und Rudolf im August 1985 heiraten, mag Sehnsucht nach einem Partner eine große Rolle gespielt haben. Beiden war das Eheglück bisher nicht hold, und so spielten neun Jahre Altersunterschied sowie unterschiedliche Interessen keine Rolle. Sie kümmert sich in der Familie um den »bürokratischen Kram«, er macht das Handwerkliche. Gemeinsame Fahrten füllen die Wochenenden aus und natürlich der Kleingarten mit dem Bungalow. Doch schon ein halbes Jahr später tritt vor allem bei der 33-jährigen Regina Ernüchterung ein. Immer öfter regieren Zank und Streit statt Harmonie und Eintracht. Auch sexuell geht es längst nicht mehr so hingebungsvoll zu. Zudem fühlt sich Regina kontrolliert und von Eifersucht verfolgt. Der Gedanke, sich scheiden zu lassen, drängt sich bei der unzufriedenen Frau immer stärker in den Vordergrund, zumal das Verhältnis der Kinder zum Stiefvater schwieriger wird. Beide Mädchen haben schließlich sogar Angst, allein mit ihm zu Hause oder bei der Oma zu sein. Das Ende der Ehe naht bedrohlich. Noch hat Regina ihm ihre innige Bekanntschaft mit einem anderen Mann, einem Handwerker, den sie auf der Arbeit bei Renovierungsarbeiten im Krankenhaus kennengelernt hat und mit dem es auch schon intime Nächte gab, nicht gebeichtet. Diese neue Liebe hat den Drang nach Scheidung nur noch verstärkt. Als sie ihrem Mann die Trennungsabsicht eingesteht, reagiert der mit einem Lächeln, versichert, »nie im Leben lasse ich mich noch einmal scheiden«, und ist plötzlich wie umgewandelt: freundlich, zuvorkommend, tolerant. Der Stimmungsumschwung hält allerdings nicht lange an. Regina und die Kinder wenden sich immer deutlicher von ihm ab. Radmacher beginnt, zu drohen und zu erpressen. Im Familienkreis will er erzählen, dass Regina Zuträgerin der Stasi ist und sogar die Schwägerin verraten hat. Es ist ein Verdacht, mehr nicht, und zudem ist er falsch, wie sich später herausstellt. Und er will den Mädchen sagen, dass sie keinen gemeinsamen Vater haben, sondern dass Maja aus der zweiten Ehe stammt, was diese allerdings nicht weiß. Die Mutter muss es den Kindern sagen und ihnen erklären, warum sie es bisher verschwiegen hat. Kurz vor dem Unfall telefoniert Regina mit ihren Eltern in Chemnitz. »Mutti, ich halte das nicht mehr aus. Ich lasse mich scheiden, endgültig«, sagt sie ihrer Mutter mit Entschlossenheit. Auch einer Freundin gegenüber schüttet sie ihr Herz aus. »Der geht über Leichen, wenn er nicht seinen Kopf durchsetzen kann.«

Als Rudolf Radmacher im Mai 1990 in der Zeitschrift *Auto Bild* einen Bericht über einen »schrägen« Crash-Test mit einem Trabant liest, ist das der Anfang eines teuflischen Planes. Die *Auto-Bild*-Tester hatten festgestellt, dass bei einem Aufprall eines Trabants mit der linken Seite der Tank im Motorraum heil blieb. Bei einem Frontalaufprall vorn rechts aber hätten die Insassen nur geringe Überlebenschance, stand dort geschrieben. Die Kunststoffkarosserie brenne nämlich wie Zunder, wie ein danebengestelltes Foto mit einem brennenden Trabant nach einem tatsächlichen Unfall beweise. Radmacher beschließt, seinen Trabant als Mordwaffe zu benutzen. Dabei will er nichts dem Zufall überlassen. Er plant, Benzin in das Fahrzeuginnere laufen zu lassen, das Auto vorn rechts gegen einen Baum zu setzen und so in den Straßengraben zu lenken, dass sich die Beifahrertür nicht öffnen lässt. Danach will er das Fahrzeug in Brand setzen, und zwar so, dass nur er lebend und mit nicht allzu schweren Wunden davonkommt.

Die Fahrt nach Polen im September 1990 ist für ihn der Tag der Abrechnung mit der Frau und den Kindern, für die er so viel getan hat und wofür er nun mit Trennung »belohnt« werden soll. Auf der Rückfahrt von der Oma, so hat er sich vorgenommen, wird er sein gut ausgeklügeltes

Vorhaben ausführen. Er platziert den Zwanzig-Liter-Kanister stehend im Kofferraum und bindet ihn fest. Das Sicherheitsblech, das auf dem Verschluss aufgeschweißt ist, hat er so manipuliert, dass der Behälter nicht mehr dicht schließt. Er kuppelt den Anhänger der »Marke Eigenbau« mit dem zwei Meter langen Zugrohr an den Trabi, und die Fahrt geht los. Den dritten Stopp wegen des vorgetäuschten Ausfalls der Blinklichtanlage am Anhänger nutzt er, um den Kanister abzubinden. Er legt ihn flach auf den Kofferraumboden. Der Verschluss zeigt nach rechts. Aus dem undichten Verschluss fließt das Benzin-Öl-Gemisch dosiert in den Innenraum. Schon nach kurzer Zeit nimmt Regina auf dem Beifahrersitz penetranten Benzingeruch wahr. Auch die eng beieinander sitzenden Mädchen auf der Rückbank fühlen sich zunehmend unwohl. »Halt an, wir müssen sehen, was da los ist«, fordert die Frau, und als der Ehemann nicht reagiert, öffnet sie während der langsamen Fahrt die Tür, um einen Halt zu erzwingen. Weil Radmacher gar nicht an einen Stopp denkt und unbeirrt weiterfährt, greift sie ihm ins Lenkrad. Der steuert nicht dagegen, sondern lässt den Trabi ungebremst mit etwa dreißig bis fünfunddreißig Kilometern pro Stunde im Straßengraben ausrollen. Als das Fahrzeug steht, greift er nach hinten und holt sich mit der rechten Hand aus dem Eimer eine Flasche Verdünnung und öffnet sie. Dann bespritzt er Regina auf dem Beifahrersitz und zündet mit einem Feuerzeug seine Frau und das Benzin an, das mittlerweile durch die Schräglage in den Fußraum auf der Beifahrerseite geflossen ist. Durch diese Primärzündung kommt es durch das Benzin-Verdünnungs-Dampf-Gemisch zu einer Verpuffung. Auf der Sitzbank hinten schreien Maja und Uta in Todesangst. Regina Radmacher versucht, den Automatik-Rollgurt aus dem Gurtschloss zu lösen. Das gelingt nicht, weil es in der Einstecklasche des Fahrersitzes eingerastet ist. Radmacher, der die Gurte unbemerkt präpariert hatte, löst seinen Gurt aus der Lasche des Beifahrers, kurbelt das Fenster auf seiner Seite herunter und öffnet die Fahrertür. Durch die Sauerstoffzufuhr wird das Feuer noch stärker entfacht. Er steigt rückwärts aus dem Auto, wobei der schmelzende Windabweiser auf den Rücken der Jacke aufgetragen wird. Wäre der Fahrer, wie von ihm angegeben, aus dem Fenster gestiegen, hätte diese Anhaftung eine andere Spur hinterlassen, hatten die Sachverständigen zu diesem Detail festgestellt. Radmacher steigt hinten über die Anhängerkupplung und drückt auf der anderen Seite die Beifahrertür zu, um das Entkommen seiner Ehefrau zu verhindern. Erst als sie sich tot stellt und der herbeigeeilte Helfer Jürgen Froster von der Straße aus ruft: »Hallo, ist hier jemand?«, lässt er davon ab, entfernt sich vom brennenden Auto und verschwindet in der Baumgruppe. Als Froster erneut ruft, tritt er aus dem Schatten, geht in normalem Schritttempo in Richtung Wiese, auf der er zusammenbricht.

Diesen Tatverlauf stellt die 1. Große Strafkammer des Landgerichts Cottbus in seinem Urteil unter dem Aktenzeichen 20 Ks 9/93 als erwiesen fest. Staatsanwalt Horst Helbig hatte im Juni 1993 Rudolf Radmacher angeklagt, dass er durch den vorgetäuschten Unfall drei Menschen getötet und dabei heimtückisch und besonders brutal gehandelt hat.

Der Prozess wird deutschlandweit von der Öffentlichkeit stark beachtet, nicht zuletzt wegen der Tatsache, dass der Münchner Staranwalt Rolf Bossi einer der Verteidiger von Radmacher ist. Bossi, der inzwischen verstorben ist, wurde durch spektakuläre Fälle bekannt. Er verteidigte die Schauspielerin Ingrid van Bergen, die ihren Lebensgefährten erschossen hatte, oder die Schauspielerin Romy Schneider. Er war aber auch Rechtsbeistand für den Kindermörder Jürgen Bartsch (siehe dazu auch »Der Schlächter von Eberswalde« im Buch *Mord ohne Mörder),* den Oetker-Entführer Dieter Zlof und trat auch im Prozess um das Gladbecker Geiseldrama auf. In der ehemaligen DDR wurde er nach der Wende durch den sogenannten Mauerschützenprozess bekannt, in dem es um die Todesschüsse von DDR-Grenzsoldaten an der Berliner Mauer ging.

In fünfundzwanzig Prozesstagen werden alle nur denkbaren Details des Geschehens auf der kleinen Lausitzer Landstraße zwischen Spremberg und Cottbus erörtert. Neunundvierzig Zeugen sagen zu den Familienverhältnissen des Angeklagten aus und schildern als Helfer ihre Wahrnehmungen am Unfallort. Ärzte, Krankenschwestern und Pfleger aus der Rettungsstelle des Cottbuser Krankenhauses berichten von den massiven Vorwürfen der schwerverletzten Regina Radmacher gegen ihren Mann, in denen sie diesen als Mörder ihrer Kinder bezichtigte. Vierzehn Sachverständige geben ihre Gutachten ab, in denen es um die Glaubwürdigkeit der Aussagen von Regina Radmacher ebenso geht wie um den zentralen Punkt, warum der Trabant nach einem leichten Aufprall gegen einen Baum in Sekundenschnelle zum flammenden Inferno wurde. Wie schon in den Vernehmungen bei der Polizei und der Staatsanwaltschaft bleibt der Angeklagte auch vor Gericht bei seiner Darstellung, dass ein technischer Schaden, der auf den Unfall zurückzuführen ist, den Brand ausgelöst hat. Er habe alles versucht, um seiner Frau und den beiden Töchtern das Leben zu retten, obwohl er selbst schwere Verbrennungen erlitten hatte.

Könnte Hass auf den Ehemann, mit dem sie sich auseinandergelebt hatte und von dem sie sich scheiden lassen wollte, um frei zu sein für ihre neue Liebe, Regina Radmacher getrieben haben, einen tragischen Unfall als Mord darzustellen? Nach Zeugenaussagen war die Frau trotz schwerster Verbrennungen bis zur Einleitung des künstlichen Komas stets bei klarem Bewusstsein. Dennoch schloss ein Berliner Psychologieprofessor nicht aus, dass es zu bewussten oder unbewussten Falschaussagen des Opfers gekommen sein könnte. Als Gründe nannte er dafür Angst vor ihrem Ehemann nach der Ankündigung, sich scheiden zu lassen, oder eigene Schuldgefühle, weil sie durch das Greifen ins Lenkrad den Unfall und damit den Tod ihrer Kinder verursacht hat und diese Schuld auf den inzwischen verhassten Ehemann abwälzen wollte. In einem anderen kriminalistisch-psychiatrischen Gutachten der Sektion Kriminalistik der Humboldt-Universität zu Berlin wird eine solche falsche Schuldzuweisung als unwahrscheinlich bewertet. Der Psychiater kommt vielmehr zu dem Schluss, dass sich die Vorgänge unmittelbar vor dem Unfall und nach dem Aufprall mit dem Ausbrechen des Feuers bei der Frau intensiv eingeprägt hatten. Weil sie diese unbedingt mitteilen musste, traten die unermesslichen Schmerzen ihrer Verletzungen in den Hintergrund. »Sie übersteuert sich im Bemühen um Sachlichkeit und wird – paradoxerweise – wahrscheinlich gerade deshalb mit dem Zweifel von Zeugen an der Wahrheit ihrer Aussage konfrontiert«, erklärt der Gutachter vor Gericht. Die Helfer hätten nämlich angesichts der Schwere der Verbrennungen und angesichts des Todes der Kinder ein gänzlich anderes Verhalten erwartet. Für den Psychiater sind die Aussagen von Regina Radmacher »glaubwürdig«.

Anders fällt sein Urteil zu den Darstellungen des Angeklagten aus. Die Widersprüche in seinen Aussagen zu denen von Zeugen sowohl zur Ehesituation als Motiv für eine Straftat als auch zum Verhalten des Ehemannes am Unfallort würden »erhebliche Zweifel an der Glaubwürdigkeit seiner Darstellungen zum Unfallgeschehen als Ursache für die Brandentstehung« begründen. So erwies sich die von ihm in Vernehmungen und vor Gericht behauptete Spitzeltätigkeit seiner Frau für den Staatssicherheitsdienst der DDR als Hirngespinst. Nach Auskunft der sogenannten Gauck-Behörde, die die MfS-Unterlagen auswertet, war Regina Radmacher weder unter ihrem Geburts- noch unter den späteren Ehenamen in den Karteien der Stasi erfasst. In der gerichtlichen Hauptverhandlung wird von der Verteidigung der Tod von Regina als Folge ihrer Brandverletzungen in Frage gestellt und als »besonderes Ereignis« bewertet. Diese soll auf der Intensivstation des Krankenhauses ihren Tod selbst verschuldet haben, indem sie die Schläuche für die Infusionen abriss. Dazu sei sie unter Vollnarkose gar nicht in der Lage gewesen, erklärte der verantwortliche Arzt als Zeuge vor Gericht. »Die Patientin wurde zudem ständig von einer Krankenschwester überwacht, die eine derartige Handlung sofort unterbunden und die Infusionen sofort wieder angeschlossen hätte«, versicherte der Arzt. Die Überwachungsgeräte hätten darüber hinaus nach zehn Sekunden Alarm ausgelöst. »Das wäre in den Unterlagen vermerkt worden. In denen stand darüber allerdings nichts.«

Kann Rudolf Radmacher nicht doch recht haben mit seinen Aussagen, dass der Kanister bei dem Aufprall umgekippt und Benzin durch den undichten Verschluss ausgelaufen und auf die heiße Auspuffanlage getropft ist und sich dadurch entzündet hat? Oder dass ein Kurzschluss in der elektrischen Anlage die Verpuffung ausgelöst hat? War es doch ein Unfall mit besonders tragischem Ausgang?

Beleuchten wir einige objektive Aspekte, belegt durch die Gutachten von Sachverständigen. Der vollgefüllte Zwanzig-Liter-Kanister lag nach Angaben der Feuerwehrleute flach im Kofferraum mit dem teils geöffneten Verschluss nach rechts, obwohl er nach Aussage des Angeklagten stehend festgebunden war. Möglicherweise habe seine Frau beim zweiten Halt noch einen Korb und einen Beutel daran befestigt, wodurch der Kanister beim Aufprall umgefallen ist. Der DEKRA-Sachverständige fand in mehreren Versuchen heraus, dass der Kanister bei einem Aufprall mit der vom Angeklagten angegebenen Fahrgeschwindigkeit von maximal fünfunddreißig Kilometer pro Stunde und in der von Radmacher beschriebenen Ladung im Kofferraum beim Reißen der Schnur schräg auf den Schuhkarton gefallen wäre. In allen Versuchen öffnete sich zudem der Kanister-Verschluss durch den Aufprall nicht. Der Kanister muss hingelegt worden sein, so die Schlussfolgerung. Und es muss schon nach kurzer Zeit im Auto, selbst bei geöffneten Fenstern oder geöffneter Tür, nach Benzin gestunken haben. Das wurde mit verschiedenen Versuchspersonen und mit unterschiedlich ausgelaufenen Mengen Benzin getestet. Jeder Mensch hätte, selbst mit starkem Schnupfen, den Geruch wahrgenommen. Hatte Regina Radmacher also nicht im Streit um das Anbringen der Satellitenschüssel bei der Oma ins Lenkrad gegriffen, sondern weil sie wegen des gefährlichen Benzingeruchs einen Stopp erzwingen wollte? Hatte sie nicht trotzdem Schuld am Unfall? Der Angeklagte konnte nach Ansicht des DEKRA-Sachverständigen in der Tat nicht mehr reagieren, aber nur in dem Fall, wenn er unvorbereitet gewesen wäre. Radmacher aber war alles andere als ahnungslos. Schon in der Vergangenheit hatte seine Frau bei Auseinandersetzungen im Auto während der Fahrt ins Steuer gefasst, um ihn zum Anhalten zu zwingen.

Dass Benzin ausgelaufen ist und sich entzündet hat, ist unstrittig. Wodurch aber wurde der Brand ausgelöst? Helfer aus dem nahe gelegenen Dorf, die schnell am Unfallort waren, rätselten noch lange, wie es zu diesem Inferno kommen konnte. In der Cottbuser Tageszeitung *Lausitzer Rundschau,* die ausführlich über das dramatische Ereignis berichtete, äußerten Zeugen aus dem nahe gelegenen Dorf, die sofort zum Unglücksort geeilt waren, ihre Zweifel und ihre Erschütterung. Peter K. sagte damals der Zeitung: »So schnell kann doch ein Auto gar nicht brennen, dass man da nicht mehr herauskommt, wenn man nicht verletzt ist …« Herbert M. berichtete: »Es hat doch innen gebrannt. Das Feuer ist im Innenraum ausgebrochen. Außerdem hat es doch gar keinen Aufprall gegeben. Da standen nur biegsame Sträucher, aber kein Baum.« Erschüttert waren die Helfer vor allem wegen ihrer Machtlosigkeit. »Nein – wir konnten den Kindern nicht mehr helfen. Wie Puppen sahen sie aus …«

Fakt ist, dass der Aufprall nicht stark gewesen sein kann. Der Motorraum war unbeschädigt, das Armaturenbrett nicht deformiert. Der Benzintank und die Tankaufhängung wiesen keine Risse auf. Dass es dennoch ein Leck gab, das selbst Spezialisten in dem ausgebrannten Trabi nicht mehr entdecken konnten, wäre nicht auszuschließen. Auslaufendes Benzin auf heiße Fahrzeugteile wie Motor oder Auspuffkrümmer kämen in Frage. In verschiedenen Untersuchungsreihen wurde jedoch von den Experten nachgewiesen, dass heiße Flächen, egal welcher Art, erst bei sehr hohen Oberflächentemperaturen eine effektive Zündung auslösen. Theoretisch sei eine Mindesttemperatur von 405 Grad Celsius erforderlich, damit Benzin durch heißes Metall brennt. Praktisch geschah das erst bei weit höheren Temperaturen. Erreicht wurde bei Testfahrten mit einem Trabant der gleichen Baureihe bei höchster Belastung eine Temperatur von 350 Grad. Bei Fahrten auf der Unfallstrecke mit fünfunddreißig Kilometern pro Stunde lagen die Temperaturen noch deutlich darunter.

Anders ist das bei Funken durch elektrischen Kurzschluss oder offener Flamme durch ein Feuerzeug. Gutachter räumten ein, dass durch Abreißen von Zündspulen im Motorraum infolge eines Aufpralls gegen einen Baum eine Funkenbildung im Motorraum denkbar ist. Die Flammen könnten sich jedoch nicht in ein paar Sekunden in das Fahrzeuginnere ausbreiten und ein »Puff« erzeugen, wie vom Angeklagten beschrieben. Bei Versuchen vergingen zwischen fünf bis acht Minuten und damit eine Zeitspanne, in der sich unverletzte Personen aus dem Fahrzeug hätten retten können. Wenn, ja, wenn sich die Türen öffnen ließen. Auf der Fahrerseite war das in jedem Fall möglich, so dass allen Insassen – den Mädchen auf der Rückbank und der Ehefrau – und nicht nur Rudolf Radmacher die Flucht aus dem Fahrzeug möglich gewesen wäre. Radmacher will zwar aus dem Fenster geklettert sein, weil das Verlassen aus der Tür nicht möglich war, doch die Spuren an seiner Jacke, die durch den schmelzenden, weil aus Plaste bestehenden Windabweiser verursacht wurden, bewiesen das Gegenteil. Diese Rückstände müssen entsprechend der vorhandenen Konsistenz innerhalb von zehn bis fünfzehn Sekunden nach Beginn der Hitzeeinwirkung auf die Jacke gekommen sein.

Da in sämtlichen Gutachten, beginnend von einem ersten, das bereits Ende des Jahres 1990 vorlag, eine Selbstentzündung durch Unfallschäden oder Schäden an der Elektrik ausgeschlossen wurden, konnte das Feuer nur noch im Inneren gelegt worden sein. Doch wie? Auch diese Frage beantworteten die Experten plausibel. Die

Spuren auf der Windjacke, an der praktisch alles bis auf die letzte Faser untersucht wurde, lieferten dafür die Argumente. Die Rückenpartie war nämlich deutlich stärker vom Feuer in Mitleidenschaft gezogen als der vordere Teil. Nach der Rekonstruktion unterschiedlicher Abläufe unmittelbar vor Ausbruch des Brandes muss sich Radmacher mit der rechten Hand aus dem Blecheimer hinter dem Fahrersitz eine Flasche mit einem Lösungsmittel gegriffen, diese geöffnet, den Inhalt mindestens auf seine Frau gespritzt oder über sie gegossen und sofort gemeinsam mit dem ausgelaufenen Benzin aus dem Kanister mit einem Feuerzeug angezündet haben, was zu einer Verpuffung führte. Allerdings wurden Überreste eines Feuerzeuges weder im Autowrack noch im Brandschutt sichergestellt.

Nach der gründlichen Beweisaufnahme hegt Staatsanwalt Horst Helbig keine Zweifel, dass Rudolf Radmacher seine Familie auf besonders brutale und heimtückische Weise ermordet hat. Mit einem fast klassischen sogenannten Eleminierungsmord habe sich der Angeklagte aller familiären und finanziellen Probleme entledigen wollen. Wäre die Beifahrertür nicht aufgegangen, wie es der Mordplan vorsah, wäre vielleicht nie wegen Mordes ermittelt worden. So aber konnte Regina Radmacher dem Flammentod im Auto entkommen, weil sie wie eine Löwin gekämpft und sich tot gestellt habe, als der Angeklagte verhindern wollte, dass sie sich befreit, und weil Zeugen am Ort des Geschehens auftauchten. Die Verteidiger des Angeklagten unterstellen Helbig in ihren Plädoyers »Verfolgungswahn in einem unerträglichen Ermittlungsverfahren«. Die gesamte Anklage sei aus der Luft gegriffen. Niemand könne angesichts eines völlig ausgebrannten Fahrzeugwracks lediglich von unerheblichen Karosserieschäden ausgehen. Niemand könne wissen, was bei der Vielzahl von elektrischen Leitungen, dem Benzintank und den Kraftstoffzuführungen bei dem Unfall tatsächlich passiert ist. Und woher sollte ihr Mandant, wenn er die Tat geplant hatte, wissen, dass ihm die Ehefrau genau an der von ihm ausgesuchten Stelle ins Lenkrad greift, so einige ihrer Argumente. Staatsanwalt Helbig fordert eine lebenslange Freiheitsstrafe für Rudolf Radmacher, die Verteidiger verlangen, den Angeklagten freizusprechen.

Die Schwurgerichtskammer des Landgerichts Cottbus, die mit zwei Berufsrichtern und zwei Schöffen besetzt ist, folgt der Auffassung der Staatsanwaltschaft. Sie verurteilt Rudolf Radmacher am 6. Juli 1994 zu einer lebenslangen Freiheitsstrafe. Der Angeklagte nimmt den Richterspruch ohne sichtbare Regung auf.

Das Urteil umfasst 172 Schreibmaschinenseiten. In der Urteilsbegründung befassen sich die Richter ausführlich mit dem Tatablauf, so wie er sich anhand von Zeugenaussagen und Gutachten für sie zweifelsfrei vollzogen hat. Die Angaben des Angeklagten zu den Rettungsversuchen seiner Ehefrau wertete das Gericht angesichts der selbst erlittenen Brandverletzungen als reine Schutzbehauptungen. Während bei Regina Radmacher achtzig Prozent der Haut bis in die tieferen Schichten stark geschädigt und die Mädchen bis zur Unkenntlichkeit verkohlt waren, erlitt der Angeklagte vergleichsweise leichtere Brandwunden an nur achtzehn Prozent der Körperoberfläche. Hätte er wirklich versucht, seine Frau von der Beifahrerseite aus zu befreien, hätten die linke Hand, der linke Arm und überhaupt die gesamte linke Körperseite und das Gesicht angesichts der extremen Temperaturen deutlich stärkere Verbrennungen aufweisen müssen. Schließlich hielten es bei Brandversuchen selbst Männer in Schutzanzügen nur sehr kurze Zeit am Fahrzeug aus.

Das Gericht bewertet die Tat als besonders brutal. Die Kinder Maja und Uta hatten auf dem Rücksitz keine Chance, sich zu retten. »Beide waren hilflos dem vom Angeklagten inszenierten Flammentod ausgesetzt«, heißt es in der Urteilsbegründung, in der von einer besonderen Schwere der Schuld die Rede ist. »Der Angeklagte beging die Tötungshandlung in äußerst brutaler Weise, weil der Tod durch Verbrennen bei lebendigem Leibe für die Opfer mit außergewöhnlichen physischen Schmerzen und psychischer Qualzufügung verbunden war. Der Angeklagte fügte – diese Todesart wählend – gefühllos und unbarmherzig den Opfern, seinen Familienmitgliedern, körperliche Schmerzen und seelische Qualen zu, die in ihrer besonderen Stärke und Dauer das für die Tötung eines Menschen erforderliche ›normale‹ Maß übertreffen.«

Der Bundesgerichtshof weist im Mai 1995 die Revision des Angeklagten zurück und bestätigt das Urteil der Cottbuser Richter. Staranwalt Rolf Bossi findet bei den Obersten Richtern keine Fürsprecher. Seine Argumentation, die vom Gericht als angenommenen Fakten für die Schuld seines Mandanten seien nur Hypothesen, und er sei sich noch immer der Unschuld seines Mandanten sicher, überzeugt nicht.

Dem nunmehr rechtskräftig verurteilten Dreifach-Mörder Rudolf Radmacher, der die Tat nie gestanden hat, bleibt nach diesem Prozessausgang nur noch eine Möglichkeit der Rehabilitation – die Wiederaufnahme des Verfahrens. Dafür aber sind hohe rechtliche Hürden zu überwinden. Es müssten sich völlig neue Tatsachen, wie zum Beispiel bislang unbekannte oder völlig falsche Beweismittel, ergeben, die dem Gericht in der Hauptverhandlung nicht bekannt waren oder nicht berücksichtigt wurden und die für die Unschuld des Angeklagten von entscheidender Bedeutung für einen Freispruch oder eine Strafmilderung sind. Radmacher will diese Möglichkeit Ende der 1990er Jahre nutzen. Eine Verwandte von ihm hatte ein neues Brandgutachten in Auftrag gegeben. Die wesentliche Aussage darin: Das Feuer könnte durch eine alterungsbedingte Materialschwäche der Schlauchleitung entstanden sein, die die Kraftstoffverbrauchsanzeige speiste. Bei den Fahrzeugen ab Baujahr 1985 war diese Schlauchleitung besonders störanfällig, so der Gutachter.

Das Landgericht Neuruppin weist den Antrag auf Wiederaufnahme des Verfahrens zurück. Eine sofortige Beschwerde des Verurteilten gegen diesen Beschluss beim Oberlandesgericht Brandenburg hat ebenfalls keinen Erfolg. Wesentliche Tatumstände und sonstige Feststellungen aus dem Urteil des Landgerichts fanden in den Gutachten keine Berücksichtigung. Zudem, so die brandenburgischen Richter, wurden bei den Untersuchungen festgestellte neue Erkenntnisse zum Zustand und der Lage des Kanisters im Kofferraum auf Wunsch der Auftraggeberin in dem Gutachten nicht behandelt. »Dass ein unter diesen Umständen erstattetes Gutachten praktisch keinen Beweiswert hat …, bedarf keiner weiteren Erörterung«, ist eine der Begründungen.

Rudolf Radmacher wird Ende September 2007 auf Bewährung entlassen. Da er die fünf Jahre Bewährungszeit straffrei blieb, wird ihm im November 2011 die Reststrafe erlassen.

Bleibt am Ende dennoch die Frage: Kann ein Mensch so grausam sein und drei Menschen verbrennen, die er einmal geliebt hatte?

»Warum?«

Die Frage ist in Stein gemeißelt! Auf dem Grabstein von Regina, Maja und Uta!

Beantworten kann sie nur Rudolf Radmacher!

Pfählung

Das knapp einen Meter lange und sechs Millimeter starke Eisen, das leicht V-förmig gebogen ist, schwirrt durch die Luft. Augenblicke später trifft es den Mann, dringt am linken Augenwinkel in dessen Kopf, durchbohrt das Gehirn, durchstößt in der Nähe des linken Ohres den Hinterkopf und bleibt stecken. Der derart gepfählte Mann bricht mit einem Schrei zusammen. Trotz sofortiger ärztlicher Hilfe ist sein Leben nicht zu retten. Er stirbt auf dem Weg ins Krankenhaus.

Seit Januar 1981 und damit seit zehn Monaten arbeiten die Männer der Brigade Hufnagel in Berlin auf einer Baustelle des Ministeriums des Innern der DDR. Die Arbeiter sind Angehörige der Deutschen Volkspolizei und zur Errichtung eines ministeriellen Bauvorhabens an der Ahrensfelder Chaussee vom Betriebsschutzamt Schwarze Pumpe bei Hoyerswerda in die DDR-Hauptstadt abkommandiert.

Pünktlich wie es sich für bewaffnete Organe der DDR gehört, beginnen die Arbeiter am frühen Morgen des 16. Oktober 1981 wie immer ihren Dienst, allerdings nicht mit der Waffe, sondern mit Schaufeln, Schubkarren und Baugeräten. Zunächst müssen Kabeltrommeln weggeräumt werden, die den Bauablauf stören, dann sind Wellasbestplatten mit einem Lkw »W 50« von einem Bauabschnitt in einen zweiten, entfernter liegenden Bereich umzulagern.

Die Fahrt mit dem Lastkraftwagen dauert nicht lange.

Dietrich Schweißer, Roland Nickel und Gerd Dorn springen, gutgelaunt in der Vorfreude auf das nahe Wochenende, von der Ladefläche und suchen nach einem geeigneten Lagerplatz für die gewellten grauen Platten, die in der DDR zum normalen Baustoff gehören. Von Krebsgefahr, die von Asbest ausgeht, ist zur damaligen Zeit nichts bekannt. Beim Absteigen entdeckt der vierundzwanzig Jahre alte Maurer Dietrich Schweißer ein Moniereisen, das achtlos in der Gegend herumliegt und nur stört. Er hebt es auf und versetzt damit seinem Kollegen Dorn einen Klaps auf den Hintern. »Los, los, beweg dich. Heute ist Freitag, und wir wollen alle zeitig nach Hause«, hänselt er ihn. »Dann hör auf, hier rumzualbern und mach dich an die Arbeit.« Dorn reißt seinem Kollegen den Metallstab aus der Hand, legt sich das nur sechs Millimeter dicke Eisen, das als Bewehrungsstahl für Betonplatten dient, über die Knie und verbiegt es zu einer Parabel. »Hier hast du dein Stöckchen«, witzelt er und gibt Schweißer das rostige und jetzt auch noch krumme Stück Stahl zurück. Dann folgt er seinem Kollegen Roland Nickel. Der ist auf der Suche nach einem geeigneten Lagerplatz etwa zehn Meter von ihnen entfernt auf dem Weg zu einer Baracke, die am Rande eines Bauzauns steht, der nach weiteren zehn Metern hinter der Baracke das Areal abgrenzt. Familienvater Nickel, der mit seinen einundvierzig Jahren der Älteste des Trios ist, dreht sich um und ruft seinen verspielten Mitstreitern ärgerlich zu, sie mögen sich bitte beeilen. »Wir haben doch nicht ewig Zeit, oder wartet zu Hause niemand auf euch?«

»Ja, ja, wir kommen ja schon.« Dietrich Schweißer hat

das Moniereisen wieder einigermaßen zurechtgebogen. Er erinnert sich an seine Wehrdienstzeit bei der Armee. Beim Handgranaten-Weit-Ziel-Wurf, einer Disziplin bei der militärischen Grundausbildung, war er stets ein Guter gewesen. Dass er den Stab mühelos hinter den geschätzt zwanzig Meter entfernten Bauzaun befördern kann, daran hat der gelernte Maurer überhaupt keinen Zweifel. Vorsicht und Gewissenhaftigkeit verlassen den jungen Mann in diesem Moment. Er umfasst das Eisen mit festem Griff, nimmt einige Meter Anlauf und will das Geschoss hoch über Roland Nickel und zwei Meter seitlich von ihm wie eine Handgranate mit aller Kraft über die Baustellenbegrenzung befördern. Das unförmige Stück Eisenstab rutscht ihm aus der Hand. »Roooland«, schreit er seinem Kollegen noch zu.

Das Unfassbare passiert.

Das Unglück nimmt seinen furchtbaren Lauf.

Roland Nickel kann nicht mehr ausweichen. Der Eisenstab fliegt mit den denkbar ungünstigsten Rotationsbewegungen durch die Luft, trifft wie ein Pfeil Nickel in die Augenhöhle, durchbohrt das Gehirn und durchstößt in der Höhe des linken Ohres den hinteren Schädelknochen. Dort bleibt das Wurfgeschoss stecken. Roland Nickel bricht, wie vom Blitz getroffen, mit einem Schrei zusammen.

Die Generalstaatsanwaltschaft der DDR leitet umgehend die Untersuchung des Unglücks ein. Als Todesursache wird nach der Obduktion der Leiche im Institut für Gerichtliche Medizin der Berliner Humboldt-Universität (Charité) »Pfählungsverletzung des Schädels« festgestellt.

Die Pfählung hat zu schwersten Verletzungen des Gehirns, verbunden mit einer massiven Ausblutung, rasch zum Tode geführt, heißt es im Obduktionsbericht.

Ballistiker untersuchen den Tathergang. Ihre Berechnungen bestätigen den von Dietrich Schweißer und Gerd Dorn geschilderten Unglückshergang, vor allem die Aussage von Schweißer, dass er das Eisen weit wegwerfen wollte und deshalb alle Kraft aufgewendet hat. Demnach traf das Moniereisen das Opfer wie das Projektil eines KK-Gewehrs mit einer Geschwindigkeit von 18,5 Meter je Sekunde zwischen Nase und linken Augapfel. Roland Nickel hatte keine Chance, zu reagieren. Zwischen Abwurf und Aufprall verging weniger als eine Sekunde.

Die Staatsanwaltschaft Cottbus, die den Fall von der Generalstaatsanwaltschaft übertragen bekam, klagt im März 1982 den Maurer und VP-Angehörigen Dieter Schweißer wegen fahrlässiger Tötung an. Sie wirft ihm die Verletzung elementarer Arbeits- und Berufspflichten sowie Arbeitsschutzbestimmungen vor. Das Kreisgericht Hoyerswerda folgt diesem Ermittlungsergebnis. Es verurteilt den Angeklagten, der vor Gericht auf einen Verteidiger verzichtet, zu eineinhalb Jahren Gefängnis und setzt die Strafe für zweieinhalb Jahre zur Bewährung aus. Das Arbeitskollektiv des Betriebsschutzamtes Schwarze Pumpe übernimmt für den bis dahin straffreien Dietrich Schweißer die Bürgschaft.

Es wird nicht enttäuscht.

Scheidung

Franz Bertram, ich frage dich vor Gottes Angesicht: Nimmst du deine Braut, Rosemarie Klawinski, an als deine Frau, und versprichst du, ihr die Treue zu halten in guten und bösen Tagen, in Gesundheit und Krankheit, und sie zu lieben, zu achten und zu ehren, bis der Tod euch scheidet?

Das »Ja« des vierundzwanzig Jahre alten Franz auf die Frage des Pfarrers gegen Ende der Vermählungszeremonie in einer kleinen Dorfkirche im Spreewald ist deutlich hörbar im Kirchenschiff.

Nimm den Ring, das Zeichen eurer Liebe und Treue, steck ihn an die Hand deiner Braut und sprich: »Im Namen des Vaters und des Sohnes und des Heiligen Geistes«.

Franz Bertram tut, wie ihm geheißen, steckt seiner Rosemarie den Ring auf den rechten Ringfinger und murmelt: »Im Namen des Vaters und des Sohnes und des Heiligen Geistes«. Der Pfarrer nimmt auch der Braut das Versprechen ab und segnet den Bund der Ehe zwischen Franz Bertram und seiner ein Jahr älteren Rosemarie, mit der er nunmehr vermählt ist und die jetzt seinen Familiennamen trägt.

Der verheerende Zweite Weltkrieg ist seit vier Jahren vorbei. Die DDR ist gerade geboren, als in der kleinen Spreewald-Kirche die beiden Verliebten sich schwören, dass nur der Tod sie scheiden könne. Die Zeit ist schwer nach den Wirren des Krieges, und mühsam ist der Wiederaufbau des zerstörten Landes. Seit einem Jahr erst ist Franz aus amerikanischer Gefangenschaft zurück, eine

Zeit, die leidvoll war und die noch immer nachwirkt. Doch die beiden jungen Leute halten zusammen, aus ihrer Gemeinsamkeit erwachsen drei Kinder. Sie überwinden auch einen furchtbaren Schicksalsschlag, als eines der Kinder an den Folgen eines Unfalls stirbt. Der andere Sohn und die Tochter wachsen heran und gründen eigene Familien.

Die Bertrams sind aus dem Dorf mit der kleinen Kirche nach Lübbenau gezogen. Das Mehrfamilienhaus im neuen Wohngebiet der Spreewaldstadt hat Franz quasi selbst mit in die Landschaft gestellt. Es ist ein Plattenbau, wie es ihn rechts und links in gleicher Art gibt, und auf der anderen Straßenseite ebenso und auf der Straße dahinter in gleicher Eintönigkeit noch einmal, und noch einmal, und noch einmal. Wohnkomplexe nennt man die Viertel in der DDR-Sprache, die durch den Bedarf an Arbeitskräften in den Kohlegruben und Kraftwerken wie Pilze aus dem Boden schießen und in denen der Kindergarten, die Kinderkrippe, die Schule und die Kaufhalle ganz in der Nähe sind. Schmucklos ist das überwiegend, aber funktional. Die Wohnungen werden fernbeheizt durch den Dampf der Kraftwerke, es gibt fließend kaltes und warmes Wasser »aus der Wand«. Zum 1. Mai und zum Republikgeburtstag beflaggt die Mehrheit der Bürger pflichtgetreu die Häuser mit schwarzrotgoldenen Fahnen, in deren Mitte mit Hammer, Sichel und Ährenkranz die Symbole der Arbeiter-und-Bauern-Klasse der DDR prangen.

Bertrams haben es zu bescheidenem Wohlstand gebracht mit einem Trabant vor der Tür und einem Wochenendgrundstück auf dem Lande. Familienoberhaupt Franz ist inzwischen Kranführer und Schichtleiter im Wohnungsbaukombinat Cottbus, in dem die Betonplatten für die bei den DDR-Bürgern durchaus begehrten Wohnungen produziert und montiert werden. Er ist ein vorbildlicher Arbeiter, zuverlässig und stets zu Überstunden bereit, wenn es eng wird bei der Erfüllung des Planes. Zweimal schon zeichnete ihn sein Betrieb mit dem Titel »Aktivist der sozialistischen Arbeit« aus, was ihm neben der Ehrennadel auch noch eine Geldprämie einbrachte. Wie auf der Arbeit als Schichtleiter in seiner Fließstrecke, in der die verschiedenen Gewerke des Hausbaus zusammenarbeiten, gibt Bauarbeiter Franz auch daheim gern den Ton an. Was er sagt, muss gemacht werden, möglichst ohne Widerworte. Ehefrau Rosemarie sorgt für den Familienfrieden, schlichtet Streit und ist bei den Nachbarn in der Hausgemeinschaft, bei Freunden und Verwandten beliebt wegen ihrer Hilfsbereitschaft und ihrem ausgeglichenen Wesen.

Die Jahre seit dem Eheversprechen von Franz und Rosemarie in der kleinen Dorfkirche im Spreewald sind dahingegangen, zuletzt mehr schlecht als recht im Leben der Bertrams. Die Spannungen haben noch zugenommen, als Karl Bertram, der Vater und Schwiegervater von Franz und Rosemarie, mit in die Wohnung zieht. Einundachtzig Jahre alt ist Karl Bertram und kann einen eigenen Haushalt nicht mehr meistern. Franz und Rosemarie haben die Entscheidung, für ihn zu sorgen, gemeinsam getroffen. Doch die ständige Pflege wird mehr und mehr zur Last, zumal Rosemarie selbst nicht die Gesündeste ist und trotzdem oft bei den Kindern und Enkelkindern, Schwägerinnen und Schwägern oder in der Nachbarschaft hilft und sich zu wenig um den Ehemann und den Schwiegervater kümmert. So empfindet es jedenfalls Franz, wenn er von der Arbeit nach Hause kommt und dann noch alles allein machen muss, statt von der Frau umsorgt zu werden. Zank und Streit sind ständige Gäste bei den Bertrams, obwohl davon kaum etwas nach außen dringt.

Umso elektrisierter sind die Bewohner des Bertramschen Hausaufgangs, als sie am 30. September 1984 etwa eine halbe Stunde nach Mitternacht von einem Schrei aus dem Schlaf gerissen werden. Er kommt aus der Parterrewohnung von Bertrams: »Hilfe, Polizei! Hilfe, Polizei!« In der dritten Etage ist Klaus Sauber in Windeseile aus dem Bett und rennt im Schlafanzug die Treppen hinunter, dem Ruf entgegen. Auch Maria Grauer zwei Stockwerke tiefer ist aufgeschreckt und steht vor der Wohnungstür. Von unten quält sich Karl Bertram die Treppe hinauf, so schnell und so gut es ihm eben noch möglich ist mit seinen 81. »Hilfe, Polizei! Der Franz will mich erschießen«, kommt es kurzatmig aus seinem Mund. Während Maria Grauer sich um den völlig aufgelösten Opa Bertram kümmert, nähert sich Klaus Sauber der offen stehenden Wohnungstür der Bertrams. Sauber ist Volkspolizist und durchaus einiges gewohnt. Beim Blick in den Korridor fährt ihm der Schreck in den Schlafanzug. Dort steht Franz Bertram. Er wirkt aufgeregt und verwirrt. In der rechten Hand hält er eine Pistole im Anschlag, in der linken erkennt Sauber mehrere Patronen. Auf einem Stuhl fällt ihm ein Magazin auf. Bertram blickt den Nachbarn aus der oberen Etage, der ein paar Schritte in die Wohnung getan hat, kurz an. »Kannst jetzt anrufen«, hört Sauber ihn noch sagen, bevor er die Korridortür ins Schloss zieht. Der Polizist im Schlafanzug hastet in seine Wohnung. Das mit dem Anrufen ist schwierig. Telefone sind in der DDR Luxus, und Polizist Sauber vom Betriebsschutzkommando des Kraftwerks Lübbenau besitzt ein solches wertvolles Fernsprechgerät nicht. Während er sich hastig ankleidet, ertönt ein dumpfer Knall. »Jetzt hat sich der Bertram erschossen«, ist sein erster Gedanke. Sauber holt sein Fahrrad aus dem Gemeinschaftskeller des Hauses und fährt, so schnell er kann, zur nahe gelegenen Betriebswache des Kraftwerks. Von dort wird die Kripo alarmiert.

Vom Revier der Volkspolizei in Lübbenau bis zum Haus im Neubaugebiet ist es nur ein Katzensprung. Minuten nach der Alarmierung ist ein Funkstreifenwagen zur Stelle. Was der Kommandant des Polizeifahrzeugs, Frank Schrader, später schildert, mutet an, als wäre es einem schlechten Krimi entnommen: »Mein Kollege Peter Klausner und ich haben unsere persönlichen Dienstwaffen aus der Unterschnalltasche geholt, entsichert, durchgeladen und in der Hand behalten. Die Tür war geschlossen. Auf unser Rufen, ›Hier ist die Polizei. Öffnen Sie!‹, ging die Tür einen Spalt breit auf. Wir sind in die Wohnung gegangen, und da habe ich den Bertram gesehen. Der saß im Sessel vor dem Wohnzimmertisch und hat mit einem Pistolenmagazin herumhantiert. Auf dem Tisch lag eine Pistole. Darin befand sich ein Magazin, der

Hahn der Waffe war gespannt. Ich lief auf den Tisch zu, schlug mit der Handschelle, die ich in der linken Hand hatte, auf die Pistole, die Bertram ergreifen wollte, riss sie an mich und übergab sie Klausner. Ich sicherte meine Pistole, steckte sie in die Hosentasche und legte dem Mann, der sich nicht wehrte, die Handfessel an. Bertram zeigte beim Abführen auf das Nebenzimmer und sagte: ›Da liegt sie.‹ Beim Hinausgehen habe ich eine Frau zusammengesunken auf dem Bett gesehen. Ihr Gesicht war voller Blut. Vom Funkwagen aus habe ich einen Notarzt angefordert.«

Für Rosemarie Bertram gibt es keine Rettung. Sie ist beim Eintreffen des Sankras bereits tot. Erschossen. Aus nächster Nähe. Das Geschoss hat den Schädel und die linke Schulter durchschlagen.

… bis der Tod euch scheidet.

Noch in der Nacht gesteht Franz Bertram, dass er seine Frau erschossen hat. Mit einer Pistole französischer Bauart, Kaliber 7,65 Millimeter. Vater Karl hatte sie nach dem Krieg aus der Jauchegrube seines Grundstücks am Rande des Spreewalds geangelt, sie gesäubert, diese samt zwei mit Patronen gefüllten Magazinen in Ölpapier und Lappen gewickelt und all die Jahre auf dem Hausboden unter einer Diele aufbewahrt. Beim Einzug in die Wohnung von Sohn Franz und Schwiegertochter Rosemarie in Lübbenau gehört sie zu den wenigen mitgenommenen Habseligkeiten. »Hier, nimm sie, und gebe sie bei der Polizei ab. Kannst ihnen ruhig sagen, dass ich sie seit dem Krieg aufbewahrt habe.« Franz befürchtet Ärger. Tagelang ist er auf der Suche nach einem Ort, wo er sie entsorgen könnte. Die Mülltonnen vor dem Hauseingang sind zu gefährlich. Allzu leicht könnte jemand die Waffe entdecken, und dann wären der Vater und er dran gewesen wegen illegalen Waffenbesitzes. In einem Spreewaldfließ könnte er sie versenken. Doch auch davor schreckt er zurück. Beim Staken könnten ihn Kahnfährleute, die Postfrau vom Postkahn, Bauern, Angler, Touristen, Kinder, die an den Schleusen der Fließe sich bei Touristen ein paar Groschen verdienen, oder wer auch immer beobachten und die Pistole herausfischen. Bertram verwirft den Plan. Die Waffe verschwindet, sorgsam in Ölpapier und Lappen verpackt, im ehemaligen Kinderzimmer, das die Frau als Nähstube hergerichtet hatte, unter den Polstern der Schlafliege. Dort lag sie, in ein Scheuertuch gewickelt, bis er sich in jener verhängnisvollen Nacht an die Waffe erinnert.

Bei Bertrams verdunkeln am letzten Septemberwochenende 1984 und wenige Tage vor dem fünfunddreißigsten Hochzeitstag wie so oft Wolken den Ehehimmel. Wieder einmal treibt sich die Frau bei der Tochter und den Enkelkindern herum und hilft darüber hinaus auch noch der Schwägerin beim Pflaumenquetschen und Muskochen. »Als wenn wir nicht genug mit uns selbst und mit Opa zu tun hätten«, knurrt Ehegatte Franz in sich hinein. »Um alle kümmert sie sich, näht sogar für fremde Leute Sachen, nur mich beachtet sie nicht.« Am Freitag war es besonders schlimm. Bis Mittag hatte er auf seinem Gartengrundstück an der Laube gebaut, war nach Hause gekommen, um sich für die Spätschicht fertig zu machen, und dann das: Die Frau nicht daheim, das Essen zwar

fertig, aber kalt auf dem Herd, kein Vesperbrot bereitet –
und er in Zeitnot. Noch am Abend nach der Arbeit hat
sich Franz Bertram nicht beruhigt. Rosemarie steckt immer noch bei der Schwägerin in den Pflaumen. Bertram
hat genug. Er schließt die Wohnungstür von innen ab,
legt sich ins Bett und überhört später geflissentlich das
Klingeln, Klopfen und Rufen seiner Frau. »Soll sie doch
bei der Tochter oder Schwägerin schlafen.«

Am Sonnabend muss er früh raus. Gemeinsam mit dem
Sohn wollen sie in dessen Garten Beton machen für den
Bungalow. Franz Bertram bereitet für Opa, wie der Vater
in der Familie genannt wird, das Frühstück, die Frau hatte
er gestern ja ausgesperrt. Auf dem Weg nach Cottbus zu
Sohn Jürgen holt er noch Zement und Kalk von seinem
Wochenendgrundstück. Als Bauarbeiter hat man solche
Raritäten schließlich auf Lager. Kurz nach achtzehn Uhr
ist er von der Schufterei wieder daheim. Rosemarie hat
sich noch nicht blicken lassen. Gegen neunzehn Uhr
taucht sie auf. »Warum hast du mich gestern vor der Tür
stehen lassen? Ich habe geklingelt und geklopft! Du hast
dich nicht gerührt!«

»Hab dich nicht gehört. Bist ja sonst auch immer bei
der Tochter«, bekommt Rosemarie zur Antwort. Das hört
sie nicht zum ersten Mal, so wie sie nicht zum ersten Mal
vor verschlossener Tür stand. »Ich lass mich scheiden.«
Franz reagiert nicht. »Hat er das nicht gehört, oder ist
ihm die Sportschau im Westfernsehen wichtiger?« Es fällt
kein Wort. Der Mann steht auf, lässt im Bad Wasser in die
Wanne, badet sich und anschließend den Vater, danach
ist Fernsehzeit. »Sportstudio«, »Zum Blauen Bock« und

eine Sendung mit Dieter Thomas Heck stehen auf dem Programm von ARD und ZDF. Nur der rauschende Ton aus dem Fernseher ist zu hören und hin und wieder das »Plopp« einer geöffneten Bierflasche. Sonst nichts. Zwischen den Eheleuten herrscht den ganzen Abend über Funkstille. Um Mitternacht geht Rosemarie zu Bett, wenig später folgt Ehemann Franz ins Schlafzimmer. »Um mich kümmerst du dich nicht, für andere Leute hast du immer Zeit …«, legt er los. »Lass mich in Ruhe!« Mehr bekommt der schimpfende Gatte nicht zu hören. Rosemarie schnappt sich ihr Kopfkissen und legt sich nebenan im Nähzimmer zum Schlafen auf die Bettcouch. Franz aber kann sich nicht beruhigen, will eine Aussprache erzwingen. Die Frau soll endlich zu Hause bleiben und sich gefälligst um ihn und den Opa kümmern. »Seit zehn Jahren baue ich an unserem Wochenendgrundstück. Statt mir zu helfen, damit es für uns beide schön wird, hast du immer etwas anderes zu tun. Für andere Leute machst du alles, für mich nichts.« Der Streit der Eheleute nimmt an Lautstärke zu und treibt Karl Bertram aus dem Bett. Es ist »Feuer unterm Dach«! Opa Karl will schlichten, zieht sich aber sofort wieder zurück, weil er doch nichts ausrichten kann. »Ich lass mich scheiden. Nächste Woche fahre ich zum Gericht und hole mir die Scheidungspapiere. Für mich ist Schluss«, hört er noch seine Schwiegertochter wütend schreien.

Franz Bertram ist wie vor den Kopf geschlagen. Natürlich gibt es schon seit Jahren Zank und Auseinandersetzungen. Manchmal hatten sie wochenlang nicht miteinander gesprochen. Doch Trennung? Für Franz ist das ein absurder Gedanke. Er versucht, zu beschwichtigen, doch Rosemarie, die in all den Jahren eher Streitereien geschlichtet und immer wieder nachgegeben hatte, lässt sich nicht umstimmen. »Ich gehe zum Gericht«, wiederholt sie wieder und wieder. »Und ich nicht. Ich werde bald sechzig, in dem Alter treibe ich mich nicht mehr auf Gerichten rum«, antwortet Bertram voller Erregung, aber auch Verzweiflung. All die Jahre sollen dahin sein? Alles, was er sich in der Ehe geschaffen hat, wird er verlieren? »Lieber erschieße ich mich«, denkt er. Was aber wird dann mit dem Vater? Und mit der Frau, die selbst krank ist und der das Laufen schwerfällt? Die kann das nicht allein schaffen! »Auf ein Gericht bekommst du mich nicht. Lieber erschieße ich uns alle drei. Dann ist Ruhe.«

Franz Bertram hat sich entschlossen. Er fasst unter die Polsterung der Liege, auf der seine Frau sitzt, ertastet das dort verstaute Bündel mit der Waffe darin, legt es auf den Tisch und wickelt das Scheuertuch auf. In der Pistole steckt bereits ein mit Patronen gefülltes Magazin. Daneben liegt ein zweites Magazin samt Munition. Franz Bertram nimmt die Pistole, spannt den Hahn, geht, den rechten Arm von sich gestreckt, in Anschlag und zielt auf die Frau, die seitlich neben ihm auf dem Sofa sitzt. »Du bist wohl verrückt! Was machst du da!« Der Schuss bricht. Die Kugel trifft in den Kopf. Rosemarie Bertram rutscht langsam zur Seite, die tödliche Wunde hinterlässt eine blutige Spur an der Wand.

Ohne sich um das Opfer zu kümmern, stürmt Franz Bertram in das hell erleuchtete Zimmer seines Vaters. Der sitzt auf dem Bett, schaut entsetzt in die auf ihn gerichtete Pistole. Franz Bertram drückt ab. »Klack«, macht es, »klack, klack, klack.« Kein Schuss löst sich. »Hilfe! Bist du von Sinnen? Der erschießt uns alle hier«, schreit Karl Bertram und läuft am Sohn vorbei durch den Korridor Richtung Treppenhaus. Hinter ihm macht es: »Klack, klack, klack.« Franz Bertram drückt ab: einmal, noch einmal, ein drittes Mal. Wieder löst sich keine Patrone.

Opa Bertram ist im Treppenhaus verschwunden, da steht plötzlich Polizisten-Nachbar Klaus Sauber im Schlafanzug in der Tür. »Kannst jetzt anrufen gehen. Siehst ja, was ich gemacht habe«, sagt er ihm und hantiert weiter an der Waffe. Sauber schließt die Tür und hastet hinauf in seine Wohnung. Kaum ist er der Schlafanzughose entstiegen und in die Uniformhose geschlüpft, hört er einen Schuss. »Jetzt hat sich der Bertram erschossen«, denkt er sich und hastet dem Betriebsschutzkommando des Kraftwerks Lübbenau entgegen.

Franz Bertram will seinen Plan vollenden. Mit den ausgeworfenen Patronen munitioniert er erneut die Magazine auf, lädt durch und gibt einen Probeschuss Richtung Nähzimmertür ab. »Peng!« Holz splittert, als die Kugel einschlägt. Bertram hält sich die Pistole an den Kopf, drückt ab. »Klack, klack, klack!« Die Blindgänger fallen aus der Patronenkammer. Waffenexperten stellen später fest, dass die Munition nur noch bedingt tauglich war. Nur zwei Patronen lösten sich. Eine traf Rosemarie Bertram tödlich, die andere, als Probeschuss abgefeuert, landete im Türrahmen. Es war wie beim russischen Roulette.

Im Februar 1985 erhebt die Staatsanwaltschaft Cottbus Anklage gegen Franz Bertram wegen Mordes an seiner

Ehefrau Rosemarie und versuchten Mordes an seinem Vater Karl Bertram. Das Bezirksgericht Cottbus verurteilt Franz Bertram wegen vollendeten und versuchten Mordes sowie unerlaubten Waffenbesitzes zu dreizehn Jahren Freiheitsentzug. Der Täter war zum Tatzeitpunkt vermindert schuldfähig. Er litt an einem beginnenden Schwund des Hirngewebes und an Herzschwäche. Zudem stand der Angeklagte nach Auffassung des Gerichts in einem extremen emotionalen Zustand, der die allgemeine Steuerungsfähigkeit beeinträchtigte. Die Richter folgen mit dem Urteil dem Antrag der Staatsanwaltschaft. Die Verteidigung hatte fünf Jahre Haft beantragt. Das Oberste Gericht der DDR bestätigt im Mai 1985 das Cottbuser Urteil.

Nach der Wende wird die Strafe durch Gnadenerlass auf elf Jahre reduziert. Im Dezember 1995 wird der Vollzug der Reststrafe auf Bewährung ausgesetzt und im Mai 1996 erlassen.

Die Schneeleiche von Lübbenau

Der Sage nach ist der Spreewald mit seinem Kerngebiet zwischen Lübben, Lübbenau und Burg das Werk des Teufels. Als er, vor langer, langer Zeit, das Bett der Spree pflügte, die in Neugersdorf, einer Kleinstadt im Lausitzer Bergland, ihren Ursprung hat und bis in die deutsche Hauptstadt nach Berlin ihren Weg nimmt, war er mit seinem Ochsengespann schon ein gutes Stück vorangekommen. Irgendwann aber zeigten sich die beiden Ochsen, die den Pflug zogen, müde und wurden störrisch. Sie wollten einfach nicht mehr. Der Leibhaftige geriet außer sich. Er warf seine Mütze nach den Rindviechern und schrie sie an: *Dass euch verdammtes, faules Vieh doch meine Großmutter hole!*

Die Aussicht, von des Teufels Großmutter heimgesucht zu werden, muss die Tiere fürchterlich erschreckt haben. Die sonst trägen Ochsen ergriffen die Flucht und rannten, mit dem Pflug im Schlepp, kreuz und quer davon.

Statt eines ordentlichen Flussbettes rissen die Rindviecher ein Delta mit 350 Wasserläufen von mehr als 500 Kilometern Länge.

Es gibt zahlreiche solcher Sagen, die geschichtliche Ereignisse, mit allerlei Phantasie ausgeschmückt, erzählen: Vom Wendenkönig, der Mittagsfrau, dem Wassermann. In vielen Büchern sind sie nachzulesen.

Als Teufelswerk kann man auch jenen Kriminalfall bezeichnen, der sich am Rosenmontag, dem 14. Februar 1983, in der Spreewaldstadt Lübbenau ereignete. Lübbenau hatte sich gewandelt. Es war nicht mehr das kleine Städtchen in der einzigartigen Lagunenlandschaft, in der Holzkähne wichtige Transportmittel waren für Güter und Dienstleistungen aller Art. Vor allem natürlich für die Bauern, die die Wiesen bewirtschafteten, die Äcker mit Gemüse bestellten und den legendären Ruf der Spreewaldgurken begründeten, die schon 1870 Theodor Fontane bei seinen *Wanderungen durch die Mark Brandenburg* ins Schwärmen gebracht hatten, als er schrieb:

Die Spreewaldprodukte haben nämlich in Lübbenau ihren vorzüglichsten Stapelplatz und gehen erst von hier aus in die Welt. Unter diesen Produkten stehen die Gurken obenan. In einem der Vorjahre wurden seitens eines einzigen Händlers 800 Schock pro Woche verkauft. Das würde nichts sagen in Hamburg oder Liverpool, wo man gewohnt ist, nach Lasten und Tonnen zu rechnen, aber »jede Stelle hat ihre Elle«, was erwogen für diese 800 Schock eine gute Reputation ergibt.

4000 Einwohner lebten in Lübbenau, als Fontane die Stadt besuchte. 110 Jahre später bevölkerten 21 000 Menschen den Spreewald-Ort, in dem die sieben Schlote des größten Dampfkraftwerks Europas seit Mitte der 1960er Jahre Tag und Nacht schwarzen Dampf in die Luft bliesen, und das ein wichtiger Baustein für die Energieversorgung in der DDR war. Mit dem Kraftwerk war in Lübbenau eine andere Stadt entstanden – die Neustadt mit 7000 Wohnungen für die Kraftwerker und die Kohlekumpel der umliegenden Tagebaue. Die Spreewald-Bauern traten in den Hintergrund, die Kohlekumpel und Energiearbeiter bestimmten den Rhythmus der Ansiedlung.

In dieser Neustadt von Lübbenau, auch Wohnstadt für die Kraftwerker genannt, ist am Rosenmontag im Februar 1983 in der HO-Gaststätte *Turbine* Tanz. Das närrische Faschingstreiben, das von der Partei- und Staatsführung in der DDR nicht gerade gefördert wurde, war auch im Spreewald nicht totzukriegen. Neben einer Gaststätte hat die *Turbine* einen Saal aufzuweisen. Die mit Kunstleder gepolsterten Stühle um die länglichen Tische für sechs, acht oder zehn Personen sind an diesem Abend, der ausgelassene Freude verspricht, bis auf den letzten Platz besetzt.

Zu den närrischen Gästen gehört auch die dreißig Jahre alte Luise Dörfer. Die junge Frau ist hier wie in anderen Gaststätten von Lübbenau und Umgebung bekannt. Gern gesehen aber ist sie nicht. Dabei arbeitet sie in einem großen Konservenbetrieb der Region, in dem grünes Gemüse tonnenweise zu leckeren Spreewaldgurken verarbeitet wird, die bereits Fontane mit der Zunge schnalzen ließen. Dass sie an der Quelle zu einer Rarität sitzt, die in der DDR wegen der hohen Exportquote nur mit guten Beziehungen als »Bück-Dich-Ware« unterm Ladentisch zu haben ist, macht sie nicht beliebter. Alkohol ist viel zu häufig und in viel zu großer Menge ihr Begleiter und wird zum Teufelszeug, das sie ein ums andere Mal um die körperliche Beherrschung und den Verstand bringt.

Das Teufelswasser hat ihr Leben aus der Bahn geworfen. Zwei Ehemänner haben es nach kurzer Gemeinsamkeit nicht mehr ausgehalten und ließen sich scheiden. Das Fürsorgerecht für ihren inzwischen sieben Jahre alten Sohn wurde ihr von der staatlichen Jugendfürsorge entzogen. Volltrunken, was in letzter Zeit fast täglich der normale Endzustand war, nahm sie jeden Mann mit ins Bett. »Wenn ich die Männer nicht mehr habe, dann brauche ich nicht mehr zu leben«, wurde zu ihrem Motto, das sie auch öffentlich verkündete. Dabei hatte ihr Leben zunächst den »guten sozialistischen Lauf« genommen, wie es im Volksmund hieß, wenn alles den allgemein üblichen Weg nahm: Kindergarten, zehnklassige Polytechnische Oberschule mit einem vernünftigen Zeugnis, Lehre im Textilkombinat Cottbus mit dem Abschluss als Facharbeiterin für Textiltechnik, Ehe mit einem sechs Jahre älteren Mann aus Polen, die Geburt ihres Kindes. Halt in ihrem Leben fand sie dennoch nie. Die Arbeit in der Textilfabrik war nichts für sie. Luise Dörfer arbeitete in mehreren Gaststätten, unter anderem während der Saison an der Ostsee, war Verkäuferin in einer Bäuerlichen Handelsgenossenschaft, heuerte als Expedientin bei der Feldschloss-Brauerei in Lübben an und später wieder als Serviererin in mehreren Gaststätten in der Spreewald-Region. Ihr Lebenswandel war derart abstoßend, dass die Hausgemeinschaft Hilfe bei der örtlichen Schiedskommission und bei staatlichen Stellen suchte. Aussprachen fruchteten nicht, blieben erfolglos wie staatliche verordnete Alkohol-Entziehungskuren. Arbeitskollektive schlossen die überaus trinkfreudige Kollegin von gemeinsamen Ausflügen und Veranstaltungen aus. Luise Dörfer wurde durch die kreisliche Abteilung für Inneres als kriminell gefährdete Person eingestuft. Auch das Konservenkombinat wollte sie nicht haben, doch es musste der staatlichen Zuweisung in den Betrieb Folge leisten. Dennoch, es gab auch eine zweite Seite der Luise Dörfer. Wenn sie auf Arbeit war, erbrachte sie gute und sehr gute Leistungen. Ihr wurden Umsicht und schnelle Auffassungsgabe bescheinigt. Die Trinkerei aber machte alles wieder zunichte.

Dass Luise Dörfer im Rosenmontagstreiben in der Gaststätte *Turbine* mitmischt, verwundert daher nicht. Allerdings ist etwa zwei Stunden nach Beginn des närrischen Tanzes gegen einundzwanzig Uhr für die Frau schon wieder »Schluss mit lustig«. Betrunken war sie unter den Tisch gerutscht und hatte eingenässt. Als Max Krautzer, der an diesem Abend Chef in der Gaststätte ist, vom Zustand dieser Faschingsteilnehmerin informiert wird, macht er kurzen Prozess. »Wir schaffen die raus«, ordnet er an. Zu dritt wird die völlig hilflose Karnevalistin, zum Gaudi vor allem von männlichen Faschingsgästen, vor die Tür bugsiert. Dass eine volltrunkene Person in der Gaststätte *Turbine*, die für sich »gehobenes Servierniveau« in Anspruch nimmt, als »Schnapsleiche« hinaustransportiert wird, das hatte man hier noch nie gesehen. Draußen stellen die Rausschmeißer die Betrunkene an der Wand neben der Eingangspforte ab und überlassen diese ihrem Schicksal. Luise Dörfer rutscht an der Wand herunter und sackt auf dem Boden zusammen.

Der 14. Februar 1983 ist ein kalter Tag. Es herrschen Minustemperaturen um die zehn Grad. Unmittelbar über der geschlossenen Schneedecke sinkt das Thermometer noch weiter ab. Als ein Gast die Befürchtung äußert, dass die Frau erfrieren könnte, antwortet Max Krautzer ungerührt: »Wenn der am Arsch kalt wird, kommt sie schon wieder zu sich.«

Max Krautzer irrt gewaltig. Am Nachmittag des »Veilchen-Dienstag« finden zwei Kinder des nahe gelegenen Kindergartens im Schnee eine nackte Frauenleiche. Sie liegt lang ausgestreckt auf dem Rücken hinter einer kleinen Freilichtbühne, die sich abseits der Gaststätte *Turbine* befindet und als Podest bezeichnet wird. Der Körper ist steif gefroren, der Schnee unter der Rückenpartie völlig weggetaut. Ein Notarzt kann nur noch den Tod feststellen. Die Frau ist erfroren, wie die Obduktion später ergibt.

Die Polizei und die sofort herbeigerufenen Kriminaltechniker sind sich vom ersten Moment an ziemlich sicher, dass die Tote nicht allein an diesen Platz gelangt ist. Die ansonsten nackten Brüste sind mit einer achtlos darüber geworfenen Strickjacke bedeckt. Über dem Genitalbereich liegt eine Windjacke, über den Knien eine braune Cordhose. Knapp fünfzehn Meter von dem Podest ist eine Fläche von etwa eineinhalb Metern zertreten. Es gibt eine Vielzahl von Schuhabdruckspuren, die von der Länge und Breite her eher von Männerschuhen stammen. An der genannten Stelle bemerken die Kriminalisten Erbrochenes, das, wie sich später im Labor der Kriminaltechnik bestätigt, nicht von der Toten stammt. Daneben liegen ein Damenpullover und ein BH. Von der niedergetretenen Stelle aus führt eine S-förmige Schleifspur auf das Podest zu, die an einer etwa einen Quadratmeter großen, ebenfalls eingetretenen Stelle endet. In der Schleifspur bemerken die Experten Kot. Sichergestellt werden zudem kotverschmierte Socken sowie die ausgeschüttete Handtasche von Luise Dörfer. Die Tote ist nach

Ansicht der Gerichtsmediziner wahrscheinlich in den frühen Morgenstunden des 15. Februar durch Unterkühlung bei sehr starker Alkoholeinwirkung gestorben. Die Blutalkoholkonzentration lag nach Berechnung der Experten zum Todeszeitpunkt bei 2,5 Promille.

Der Abtransport der völlig betrunkenen hilflosen Luise Dörfer ist beim Faschingstanz am Montag noch längere Zeit Gesprächsstoff. Es werden Witze gerissen und anzügliche Zoten verbreitet. »In dem Zustand kann man die aufreißen«, sind sich Männer, die nicht in Begleitung von Ehefrauen oder Freundinnen sind, lautstark sicher. »Die Alte kannst du nageln, so besoffen wie die ist. Die merkt nichts mehr«, ist ein anderer Spruch. Solche Ansichten schwirren durch den Saal. Hilfe zu holen, Polizei oder Notarzt zu verständigen, auf diesen Gedanken kommt keiner, weder das Gaststättenpersonal noch die Gäste. Nach der Frau draußen vor der Tür schaut niemand. Zumindest keiner in guter Absicht.

Fred Laser, der in drei Tagen seinen siebzehnten Geburtstag feiert, und Rico Tamm, der in eineinhalb Monaten sechzehn wird, haben das ganze Drama hautnah miterlebt. Fred ist von der Statur her schon ein richtiger Mann, 1,92 Meter groß und 92 Kilogramm schwer. Rico wirkt dagegen schmächtig und ist rein äußerlich vom Mann noch ein ganzes Stück entfernt. Bei 182 Zentimeter Körpergröße bringt er schlanke 68 Kilogramm auf die Waage. Die zwei Heranwachsenden amüsieren sich wie ein Teil ihrer älteren Geschlechtsgenossen über die Wehrlosigkeit der Betrunkenen. Fred und Rico kennen sich, ohne enge Freunde zu sein. Sie sind nicht gemeinsam in die *Turbine* gekommen und sitzen, wenn sie sitzen und nicht tanzen, an getrennten Tischen. Satz- und Wortfetzen vom »Aufreißen«, »Nageln« und »Nichts merken« erreichen ihre Ohren.

Fred Laser mit der Statur eines Mannes benahm sich im Leben bisher allerdings eher wie ein spätpubertierender Jüngling, der noch seinen Weg sucht. Reinknien konnte er sich in Dinge, die ihm Spaß machten. Die Arbeit im Jugendklub im Kulturhaus Lübbenau gehörte dazu und die Mitgliedschaft in der Ordnungsgruppe. Da war er eben jemand. Schule war nicht sein Ding, außer Sport und Biologie interessierte ihn kaum etwas anderes. Nach der Schule wollte er Fleischer oder Maler werden, stattdessen landete er als Schweißerlehrling im VEB Braunkohlenwerk Cottbus. Angefreundet hat er sich mit dieser Berufsrichtung nie. Zu großer Form lief er eher nach Arbeitsschluss auf im Jugendklub, von donnerstags bis sonntags in der *Turbine*. Dass er zwanzig bis fünfundzwanzig kleine Gläser Bier locker wegstecken und in zwei Stunden auch mal sechzig Gläser Bier verputzen könne, zählte er zu seinen Heldentaten, die ihm nur Gutgläubige wirklich abnahmen. Vielmehr stärkte er mit solchen und anderen Prahlereien nur den Eindruck, dass er für »seine große Figur zu wenig Grips« habe, wie in einer Einschätzung des Arbeitskollektivs einmal festgestellt wurde. Andererseits gibt es Beurteilungen etwa aus seinem Umfeld im Wohngebiet, die einen ganz anderen Fred Laser erkennen lassen, einen, der gegenüber den Menschen in seiner Nähe zurückhaltend, hilfsbereit und höflich auftritt.

Zu seinem Geschichtenrepertoire gehörten natürlich

die Mädchen, die scharf auf ihn sind, und dass er ständig mit anderen schlafe. Seinen Mitlehrlingen gegenüber wurde er nicht müde von seiner 20-jährigen Freundin zu erzählen, die ihm sexuell regelrecht hörig sei und mit der er alle möglichen Stellungen durchnehme.

Die Wirklichkeit des Fred Laser sah bisher ganz anders aus. Nur einmal hatte der vermeintliche Frauenheld bisher Geschlechtsverkehr. Einen schmerzhaften zudem, weil eine Phimose störte. Die Eltern hatten sich nicht darum gekümmert, und er selbst hatte aus Scham bisher keinen Arzt aufgesucht. Er hielt sich deshalb von Mädchen lieber fern, als ihnen zu nahe zu kommen.

Rico Tamm war nicht nur körperlich das Gegenteil von Fred Laser. Während Laser die Polytechnische Oberschule mit der zehnten Klasse abschloss und bei Fleiß und Willen mehr als nur ein »Genügend« auf dem Abschlusszeugnis hätte erreichen können, lief in Tamms Entwicklung von Beginn an einiges schief. Schon ab der dritten Klasse reichte es nur noch für die Hilfsschule. Von Gleichaltrigen wird er deshalb gehänselt. Die Häme, die ihm entgegenschlägt, tut dem Kind weh und beeinflusst nicht unwesentlich seine weitere Entwicklung. Schule und später die Ausbildung zum Teilfacharbeiter für Anlagen und Geräte im Braunkohlenwerk Cottbus hatten ihn nie interessiert. Viel lieber trieb er sich mit seiner Clique herum, die sich »Klub Blauer Engel« nannte, aber nichts Engelsgleiches tat, sondern eher dem Teufel nahestand und durch Diebstähle und Raufereien auffiel. Die Eltern bemühten sich um den schwierigen Jungen, der aber entglitt immer mehr. Unter seinen Kumpel galt er als

»Wortführer mit der großen Fresse«. Er beschloss Anfang Januar 1983, einen »auf Asi« zu machen. Das asoziale Leben ohne Aufgaben und Verpflichtungen gefiel ihm, sich »die Hände dreckig zu machen« dagegen nicht. »Ich war nicht doof, sondern faul«, gab er später zu. Wie bei Laser so gehörte auch bei Tamm am Wochenende die *Turbine* zum Stammlokal.

Rico Tamm beobachtet Luise Dörfer von dem Moment an, als sie in der *Turbine* vom benachbarten Restaurant *Grille* in den Saal wankt. In der rechten Hand eine noch geschlossene Flasche Wein haltend, kommt sie an seinen Tisch, an dem er mit zwei Freunden sitzt. Auch Fred Laser schaut vorbei, sagt kurz »Hallo« und setzt sich ein paar Meter weiter an einen anderen Tisch. Luise hat schon einen wackligen Gang und eine Zunge, die beim Sprechen nicht mehr recht funktioniert. »Machste mal die Flasche uff«, lallt sie und streckt Tamm den »Tokajer Furmint« entgegen. Der holt sein Taschenmesser aus der Tasche, klappt den Korkenzieher auf und mit einem leisen »Flopp« ist der Korken aus dem Flaschenhals entfernt. Zwei kleine Biergläser werden für den Weinausschank missbraucht. Tamm-Kumpel »Blacky« bekommt das eine Glas und verschwindet damit in dem Narrentreiben. Luise Dörfer sichert sich das andere Glas. Die Flasche mit dem Rest des Weines darin hält sie fest im Arm. Tamm marschiert zu Bekannten an einem Nebentisch. Eine halbe Stunde später bemerkt er, wie Luise mit dem Kopf auf die Tischplatte sackt und wenig später schlafend vom Stuhl unter den Tisch rutscht. Tamm geht zum Ordner am Türeinlass. »Da ist eine Besoffene unter den Tisch gerutscht. Sieht aus, als hätte sie sogar eingepinkelt«, informiert er den Türsteher. Kneipen-Leiter Krautzer, der herbeigerufen wird, ordnet an: »Los, schafft sie raus!« Der Mann am Einlass bittet einen jungen Mann am ersten Tisch neben dem Eingang, ihm beim Abtransport des Alkoholopfers zu helfen. Sie schnappen sich die vor sich hin lallende Luise an den Armen und schleifen sie gen Ausgang. Rico Tamm greift sich die Beine. Zu dritt tragen die Männer die hilflose Frau durch den Saal und laden sie vor der Tür ab. Sie wischen sich die Hände ab, gehen zurück und genießen als Rausschmeißer die Aufmerksamkeit der Faschingsgäste im Saal.

»Wenn die voll ist, kann man sie aufreißen. Die merkt nichts mehr.« Die Sätze haben sich im Kopf von Rico Tamm festgebrannt. Sexuellen Kontakt mit einer Frau hatte er bisher nur ein einziges Mal mit einem gleichaltrigen Mädchen. Rico steht auf und geht erneut vor die Tür. Luise liegt zusammengesunken am Boden. »Kannst du aufstehen?«, fragt er. »Los, komm mit!« Luise reagiert nicht. Tamm zerrt die Frau von der Gaststätte weg in Richtung Kindergarten. Das Gebüsch am Verbindungsweg zwischen Schillerstraße und Straße des Friedens scheint ihm ein sicherer Ort für sein Vorhaben zu sein. Durch das Schleifen auf dem Boden hat sich bei der Frau vorn die Hose geöffnet, so dass der Schlüpfer zu sehen ist. Die Hände von Tamm tasten sich unter dem Pullover des Opfers ihren Brüsten entgegen, als seine Augen einen Fußgänger bemerken. »So ein Mist, gerade jetzt«, knurrt er ärgerlich vor sich hin. Obwohl seine Hose im Schritt spannt, rückt er von seinem Vorhaben ab. Die Sache ist ihm zu heiß. Auf einem kurzen Umweg hinter dem Trafohäuschen vorbei kehrt er unerkannt in die Gaststätte zurück. »Man, wo warst du denn?«, bedrängen ihn seine Kumpel. »Hast wohl noch mal nach der Ollen geguckt?«

»So ein Quatsch, was soll ich denn mit der. Mir war schlecht. Ich musste kotzen. Jetzt gehe ich nach Hause.« Rico Tamm geht zur Garderobe, lässt sich seine Jacke geben und verschwindet.

Nicht minder interessiert wie Rico Tamm, lauscht auch Fred Laser den Erfahrungsberichten von Männern im Umgang mit Luise Dörfer. Dem knapp 17-Jährigen mit der Phimose am Glied scheint es eine gute Gelegenheit zu sein, es mit einer Älteren zu probieren nach seinem jungmännlichen Versuch mit der Freundin, der ihm solche Schmerzen bereitet hatte. Er nimmt als »Mutmacher« noch fünf Bier zu sich und verlässt kurz nach Tamm die Gaststätte. Vor der Eingangstür aber ist von der Betrunkenen nichts zu sehen. Er schaut sich suchend um und geht dann den Weg entlang, der von der Gaststätte zum Kindergarten führt und den entlang Tamm sein Opfer geschleift hatte mit der Absicht, es »aufzureißen«. Laser ist der Fußgänger, der Tamm in seinem Vorhaben gestört hatte. Beide wissen nichts voneinander. Er findet Luise Dörfer so in jenem Gebüsch, wie Rico Tamm sie verlassen hatte: auf dem Rücken liegend, die Hose vorn geöffnet und etwas heruntergezogen, dass der Schlüpfer hervorlugt. »Willst du mit mir ficken?«, fragt er das Häuflein Elend zu seinen Füßen, das nur noch lallt und nicht imstande ist, zu stehen oder gar zu gehen. Widerstand ist von der nicht zu erwarten. Das ist ihm klar. Die Stelle erscheint Fred Laser allerdings zu ungünstig für einen Geschlechtsverkehr, den er sich fest vorgenommen hat. Er hebt die Frau auf und trägt sie in Richtung der kleinen Freilichtbühne. Unterwegs fliegt ihm der Faschingshut vom Kopf. Am Podest angekommen, legt er die schlaffe Frau in seinen Armen auf den mit Schnee bedeckten Boden. Die Handtasche, an der sie merkwürdigerweise festhält, nimmt er an sich, schüttet den Inhalt auf dem Podest aus und sucht nach dem Personalausweis. Er will wissen, wie die Frau unter ihm heißt und wo sie wohnt. Vergeblich. Es gibt kein Dokument. Laser trägt als Faschingskostüm einen Schlafanzug und darunter eine Badehose, in der der Wohnungsschlüssel steckt. Der drückt so schmerzhaft in der knappen Badehose, dass er ihn auf dem Podest ablegt. Derart erleichtert widmet er sich wieder der Frau, zieht ihr die Windjacke aus und schleppt sie etwa fünfzehn Meter nach rechts zu einer Kuhle. Dort wischt er ihr Schnee aus dem Gesicht und entkleidet sie weiter, zieht den Pullover über den Kopf und legt die Brüste frei. Beim Versuch, Hose und Schlüpfer auszuziehen, fällt ihm sein Mageninhalt aus dem Gesicht. Die Frau hat eingemacht. Von seinem Vorhaben will Laser dennoch nicht lassen. Er trägt sie zurück zum Podest, was ihm bei seiner Kraft nicht sonderlich schwerfällt, entkleidet sie vollständig, legt sie nackt in den Schnee, schiebt sich Schlafanzug- und Badehose bis zu den Kniekehlen herunter und kniet sich zwischen ihre Beine. Er küsst die Frau unter sich, manipuliert an den Brüsten und am Geschlechtsteil und versucht, sein steifes Glied einzuführen. Es gelingt ihm nur, ein bis zwei Zentimeter in sie einzudringen. Um doch noch »Tiefgang« zu erzwingen, versucht er, die Stellung zu verändern.

Ein Ruf: »Was machst du denn da?«, lässt ihn hochfahren.

Als Rico Tamm seine Jacke aus der Garderobe holt, zieht es ihn nicht wegen Übelkeit nach Hause, wie er seinen Kumpel weismachte, sondern zurück zum Gebüsch und zu Luise Dörfer. Dort ist Fred Laser. Er beobachtet ihn aus der Nähe, wobei ihm ein Trafohäuschen Schutz bietet, und schaut begierig beim Geschlechtsakt zu. Es erregt ihn, so dass er Hand an sich legt und bis zum Samenerguss onaniert. Dann geht er auf Fred Laser zu.

Laser ist durch den Ruf, »Was machst du denn da?«, nur für einen Moment irritiert. Er zieht sich schnell seine Hosen über das noch immer steife Glied und antwortet unwirsch: »Siehst du doch. Kannst ja mitmachen. Ansonsten hältst du die Schnauze.«

»Ich habe lautes Stöhnen gehört und Schreie, und da bin ich eben hergekommen«, rechtfertigt sich Rico Tamm. Die Wahrheit verschweigt er. Während des Wortwechsels rollt sich die nackte Frau auf die Seite und zieht die Beine an den Körper. Die heranwachsenden jungen Männer sehen, dass sie am ganzen Körper vor Kälte zittert. »Lass uns abhauen«, schlägt Tamm vor. Sie werfen Luise Dörfer deren Kleidungsstücke über den Körper und begeben sich Richtung Gaststätte, nachdem sie den verlorenen Faschingshut von Laser und dessen Schlüssel eingesammelt hatten. Vor dem Eingang verabschieden sie sich. »Kein Wort zu irgendeinem, sonst setzt es was«, wird Rico Tamm ermahnt. »Lass dir ja nicht einfallen, noch mal zu der Ollen zu gehen.« Fred Laser geht in den Saal und feiert weiter bis zum Schluss der Veranstaltung kurz vor Mitternacht.

Rico Tamm hält nichts mehr bei der Feiergesellschaft. Kaum ist Laser aus seinem Blickfeld verschwunden, macht er sich auf den Weg. Er will, nein, er muss zu Luise zurück. Liegt sie noch an der alten Stelle? Hat die Kälte sie aus ihrem Rausch geholt? Haben Fremde sie gefunden? Fragen drängen sich auf. Erwachsen sie aus Sorge um die hilflose Frau? Aus Mitgefühl für ihre Lage? Aus einem Bedürfnis, ihr zu helfen?

Luise Dörfer liegt zusammengekrümmt völlig nackend im Schnee. Ein wenig muss sie sich bewegt haben, denn die Sachen, die achtlos auf ihren Körper geworfen worden waren, sind heruntergerutscht. »Willst du mit mir bumsen?« Tamm erhält auf diese absurde Frage keine Antwort. Er dreht die Wehrlose auf den Rücken, küsst ihr auf den Mund, gleitet nach unten, betastet die Brüste, die Beine, das Geschlechtsteil. Seine aufgeknöpfte Hose gleitet bis zu den Knien hinab. Das Glied ist steif. Er will in die Frau unter sich eindringen, doch inzwischen ist das Opfer bereits so steif, dass sich die Beine nicht mehr bewegen lassen. Der 15-Jährige kann sein Vorhaben nicht verwirklichen. Achtlos überlässt er die Frau ihrem Schicksal, geht nach Hause und legt sich in sein wärmendes Bett.

Um Mitternacht ist »Zapfenstreich« in der Wohngebietsgaststätte *Turbine* der Spreewaldstadt Lübbenau. Fred Laser geht mit Kati und deren neuen Macker nach Hause. Kati war die Freundin, mit der er den für ihn schmerzvollen Geschlechtsverkehr hatte. Laser will sich umziehen.

Ihm und dem Pärchen ist noch nicht nach schlafen. Die »Holzoper« ist das neue Ziel. Im *Haus der Gewerkschaft,* das die Lübbenauer nur »Holzoper« nennen, ist tatsächlich noch Faschingstrubel. Die Türsteher am Eingang lassen nicht mit sich reden. »Hier ist alles voll. Ihr kommt nicht mehr rein«, ist ihre unmissverständliche Botschaft. Auch Kati, die ihre sprießenden fraulichen Reize einsetzt, kann die sturen Kerle an der Tür nicht umstimmen. »Haut ab! Macht euch in die Bettchen. Hier ist sowieso bald Schluss.« Die Drei trotten ab, Kati und ihr Freund in die eine Richtung, Laser in die andere. Zu Hause angekommen, es ist zehn Minuten vor halb eins, liegt der Vater schnarchend auf der Couch. Der Fernseher läuft. Fred schaltet ihn ab, der Vater schnarcht weiter. Der Sohn hat in seinem Zimmer bereits den Schlafanzug übergestreift, als ihm plötzlich ein Gedanke durch den Kopf schießt: »Ich versuche es noch mal.«

Von der Wohnung bis zum Podest an der *Turbine* ist es nicht weit. Luise Dörfer liegt dort noch immer am Boden, zittert am ganzen Körper und stöhnt. Laser legt sie mit dem Oberkörper auf die eiskalten Steine des Podests. Er spürt seine Erektion. Mit den Strümpfen der Frau reinigt er deren Gesäß. An der Vergewaltigung stören ihn zwei Radfahrer, die den Weg zwischen Freilichtbühne und Gebüsch entlang radeln, absteigen und sich unterhalten. »Hoffentlich haben die nichts gesehen«, schießt es ihm durch den Kopf, als er sich hinter das Podest fallen lässt. Nichts passiert. Wenige Minuten später sind die Radfahrer verschwunden. Von Angst getrieben, hastet Laser nach Hause. Es ist 0.45 Uhr. Der junge Mann legt sich ins Bett, doch die Bilder von der nackten Frau im Schnee lassen ihn nicht zur Ruhe kommen. Sie verfolgen ihn bis zum Morgengrauen.

Auch Rico Tamm hat schlecht geschlafen. Gegen fünf Uhr morgens, auf dem Weg zum Bus des Arbeiterberufsverkehrs treibt ihn das schlechte Gewissen noch einmal zum Ort des Geschehens. Luise Dörfer liegt noch immer dort. Ihre Lage ist leicht verändert, der Kopf zeigt jetzt in Richtung Straße des Friedens. War nach ihm noch jemand bei ihr? Denn nun liegen erneut Sachen auf ihrem Körper. Er beugt sich über das Opfer. Lebenszeichen bemerkt er nicht.

Als Kinder Luise Dörfer am Nachmittag beim Spielen finden, ist diese seit Stunden tot. Die Nachricht von der nackten Frau im Schnee verbreitet sich in Windeseile, zumal der Rausschmiss der Betrunkenen aus der Gaststätte *Turbine* tagsüber Stadtgespräch war. Während die Kriminaltechniker ihre Arbeit vor Ort verrichten, beginnen die Mordermittler mit Zeugenbefragungen. Etwa zu dieser Zeit meldet sich Rico Tamm auf dem Polizeirevier in Lübbenau. »Ich kann Aussagen machen zu der Toten«, sagt er. Die Hauptschuld schiebt er auf Fred Laser. Den habe er bei der Frau gesehen, wie der die ausgezogen und Geschlechtsverkehr mit der hatte. Aus Angst vor dem Laser habe er nichts unternommen. »Der hat mir doch gedroht, ja niemandem etwas zu sagen«, rechtfertigt er sich.

Am Aschermittwoch erlässt das Kreisgericht Calau Haftbefehle gegen Laser und Tamm wegen des Verdachts des Mordes an Luise Dörfer. Nur nach und nach, in zahlreichen Vernehmungen und dank der Arbeit der Kriminaltechniker am Tatort kommt die ganze Wahrheit an den Tag. Die Staatsanwaltschaft Cottbus lässt ein psychiatrisch-psychologisches Gutachten erstellen. Der Experte der Medizinischen Akademie »Carl Gustav Carus« Dresden erkennt durchaus strafmildernde Gründe, wie den nicht unbeträchtlichen Alkoholgenuss der Tatverdächtigen und die aufgeheizte Stimmung der Rosenmontagsgesellschaft, dass man die Frau »aufreißen« und sie »nageln« könne und diese »so besoffen, wie sie ist, ohnehin nichts mehr merkt«. Schuldunfähig seien die Tatverdächtigen deshalb jedoch nicht.

Das Bezirksgericht Cottbus verurteilt nach einer zweitäglichen Hauptverhandlung beide jugendlichen Angeklagten am 2. August 1983 wegen Mordes. Die Richter schicken Fred Laser für dreizehn Jahre und Rico Tamm für neun Jahre ins Gefängnis. Als strafverschärfend befinden die Richter bei Laser den vollendeten Missbrauch einer Wehrlosen zum außerehelichen Geschlechtsverkehr. Bei Tamm fällt die Strafe milder aus, weil der sexuelle Missbrauch im Versuch stecken geblieben war.

Das Oberste Gericht der DDR bestätigt einen Monat später die Urteile. Auch eine Bittschrift der Hausgemeinschaft von Laser, die Strafen für die beiden Jugendlichen zu verringern, stimmt die obersten Richter nicht um. Das Argument, Luise Dörfer sei selbst schuld, dass sie am Rosenmontag dem Teufelswerk zum Opfer fiel, überzeugt sie nicht.

Tamm wurde im Mai 1990, Laser im August 1990 aus dem Gefängnis entlassen.

Kopfschuss

Gerd-Rainer Hafermann ist Uniformträger. Der 49-Jährige gehört seit 1962 und damit seit dreiundzwanzig Jahren der Volkspolizei an.

Viele Jahre davon hat er als Streifenpolizist auf der Straße zugebracht. Seit 1983 ist er als Abschnittsbevollmächtigter (ABV) in einem Wohnkomplex in Cottbus die staatliche Gewalt vor Ort. Er nimmt Strafanzeigen auf und leitet sie weiter, kontrolliert in den Hausbüchern, ob die Bewohner ihrer Anmeldepflicht nachgekommen sind oder sich möglicherweise illegal in Wohnungen aufhalten, hat ein Auge auf kriminell gefährdete Bürger und gibt Einschätzungen über die Linientreue von Menschen ab, die Anträge für Reisen in das NSW – das nichtsozialistische Wirtschaftsgebiet, also zum Klassenfeind – stellen. Seine Meinung hat Gewicht. Freiwillige zivile Helfer der Volkspolizei stehen ihm zur Seite. Als ABV unterstützt er die Wohnbezirksausschüsse der Nationalen Front der DDR, einer Vereinigung, in der Parteien und Organisationen zusammenarbeiten und durch die die Politik von Partei und Regierung in die Häuser und Familien getragen werden soll. Der ABV ist eine wichtige Person, die über viele Kontakte und Informationen verfügt und ziemlich genau Bescheid weiß, was in den Wohngebieten passiert, die, wie man so sagt, »ihre Pappenheimer kennt«.

Die grüne Uniform der VP und die Waffe in der umgeschnallten Pistolentasche verschaffen ihm Respekt. Leut-

nant Hafermann ist stolz auf seinen Status als Abschnittsbevollmächtigter der VP.

Der aber steht zwei Jahre später, im März 1985, auf
ziemlich tönernen Füßen. Gerd-Rainer Hafermann greift
gern zu Bier und Schnaps, nach Feierabend in der Wohngebietsgaststätte, aber eben auch in seinem ABV-Kabuff.
Mit der Dienstausführung nimmt er es immer öfter nicht
mehr genau, auf der Straße ist er immer weniger präsent,
und bei der Abarbeitung dienstlicher Aufträge verpasst er
Termine oder erledigt die Aufgaben schluderhaft. Seine
Vorgesetzten sind mit seiner Arbeit nicht mehr zufrieden. Hinzu kommt der übermäßige Alkoholgenuss, der
nicht in das Bild eines akkuraten Uniformträgers passt.
Mehrere Aussprachen hat es in den vergangenen Monaten schon gegeben, die keine Besserung brachten. Sein
Stuhl als ABV, der ihm so wichtig ist, wackelt bedenklich.

Und nicht nur das. Die Ehe ist seit zwei Jahren zerrüt-
tet. Ehefrau Beate konnte irgendwann die alkoholischen
Eskapaden ihres Mannes nicht mehr tolerieren. Sie leben
zwar weiter zusammen mit Sohn Dieter in einer Wohnung, doch von Tisch und Bett sind Beate und Gerd-Rainer längst getrennt. Jeder campiert in einem eigenen
Zimmer und geht seiner eigenen Wege.

Es ist Beate Hafermann, die an einem Nachmittag einen
für ihren Noch-Ehemann Gerd-Rainer schwerwiegenden
Anruf entgegennimmt. Er kommt vom zuständigen Polizeirevier. Der Genosse Leutnant Hafermann sei nirgend-
wo zu erreichen. Sie möge ihm ausrichten, dass er am
nächsten Morgen pünktlich um neun Uhr zu einer Aussprache im Revier zu erscheinen habe, wird sie gebeten.

Als ihr Mann nach Hause kommt, übermittelt ihm Beate auftragsgemäß den Befehl seines Vorgesetzten. Gerd-Rainer reagiert wie schon öfter in der Vergangenheit, wenn er mit unangenehmen Dingen konfrontiert wurde. »Die spinnen doch. Ich lasse mich dort nicht sehen. Lieber erschieße ich mich«, stößt er Verwünschungen und Drohungen aus. Beate nimmt das nicht mehr ernst. »Ich werde nicht alt, ich erschieße mich«, das hat sie in der Vergangenheit schon mehrfach gehört. Sie weiß, dass ihr Mann eine Dienstwaffe hat. Die wird, wenn er nach Hause kommt, sofort in einer Kassette im Wohnzimmerschrank eingeschlossen. Bisher hat er sich trotz der Selbstmordäußerungen an seiner Pistole der Marke »Makarow« noch nie vergriffen. Den Gedanken, wegen der Drohung im VP-Revier anzurufen, verwirft Beate nach kurzem Überlegen. »Warum soll ich Gerd-Rainer in noch größere Schwierigkeiten bringen«, beruhigt sie sich.

Die Stunden vergehen. Beate hat es sich in ihrem Zimmer auf dem Sessel bequem gemacht, liest ein Buch und hört Musik. Ein Knall, wie ein Schuss, schreckt sie auf. Der kann nur aus dem Zimmer ihres Mannes gekommen sein. Sie rennt hinüber und sieht Gerd-Rainer, in Schlafanzug und weißem Turnhemd und mit der Pistole in der Hand, in der Nähe der Balkontür stehen. In der Wand ist deutlich ein Einschuss zu sehen. »Was machst du denn da? Bist du verrückt?«

»Ich hab doch gesagt, dass die mich nicht auf dem Revier sehen. Ich erschieße mich.« Ihr Mann sieht niedergeschlagen aus. Beate nimmt ihm die Pistole aus der Hand und redet auf den angetrunkenen Noch-Gatten ein. »Leg dich ins Bett. So schlimm wird das Gespräch morgen schon nicht werden. Die reißen dir den Kopf nicht ab.« Sie geht hinüber in ihr Zimmer und versteckt die Waffe unter der Anrichte.

Eine ruhige Nacht wird es nicht für Beate Hafermann. Mehrmals taucht der Mann in ihrem Zimmer auf und durchstöbert ihre Schränke nach der Pistole. Er scheint, betrunken zu sein. Beate stellt sich schlafend. Die Waffe unter dem Schrank findet der Mann nicht.

Gegen sieben Uhr am nächsten Morgen, sie will gerade zur Arbeit gehen, steht Gerd-Rainer wieder in ihrer Tür. »Gib mir bitte die Waffe. Ich möchte in Dienstuniform zur Aussprache erscheinen. Dazu gehören das Koppel und die Pistole.« Der Mann klingt vernünftig. Offensichtlich will er sich dem unerfreulichen Rapport stellen. Sie gibt ihm die Waffe und geht aus dem Haus.

Wenige Minuten später klingelt im Volkspolizei-Kreisamt Cottbus das Telefon. Sohn Dieter Hafermann meldet der Kripo, dass er seinen Vater Gerd-Rainer mit einer Kopfwunde tot im Wohnzimmer aufgefunden hat. Die MUK untersucht den »unnatürlichen Todesfall«, wie es in der Amtssprache heißt. Die Kriminalisten finden den Toten auf der einseitig ausgeklappten Doppelbettcouch. Er liegt auf dem Rücken, der rechte Arm hängt herunter. Auf dem Fußboden liegt eine Pistole. Am Kopf ist an der rechten Schläfe eine Schusswunde zu sehen, aus der Blut ausgetreten ist. Spuren, dass im Wohnzimmer ein Kampf stattgefunden haben könnte, finden sich nicht. Der Schuss muss mit aufgesetzter Mündung abgefeuert worden sein. Nach der waffentechnischen Untersuchung der Pistole, des Projektils und der Patronenhülse steht zweifelsfrei fest, dass sich Gerd-Rainer Hafermann selbst erschossen hat. Bei der Blutuntersuchung wird eine erhebliche Alkoholkonzentration festgestellt.

Die mehrfach geäußerten depressiven Selbstmordgedanken von Gerd-Rainer Hafermann wurden nicht erkannt oder nicht ernst genug genommen. Ein Vorwurf ist daraus niemandem zu machen.

Eine Mahnung zu mehr Aufmerksamkeit ist die tragische Selbsttötung dennoch.

Mordattacke im »Meurostolln«

Richard Stahl sitzt zwischen den Stühlen seiner Frauenbeziehungen. Seit gut einem Jahr ist der zweiunddreißig Jahre alte Rangierleiter in der Schüttverladung der Brikettfabrik »Meurostolln« in Senftenberg von seiner ehemaligen Frau Brigitte geschieden, die aber trotzdem noch seinen Namen Stahl trägt. Das Band der Ehe hat nur sechs Jahre gehalten. Die anfänglich »große Liebe«, in der eine Tochter gezeugt wurde, erlosch nach zunächst harmonischem Beginn und heißem Feuer ziemlich schnell durch Reibereien und Streitigkeiten. Ein Grund, das muss Richard Stahl zugeben, war das Verhältnis zu seiner Arbeitskollegin Heide Wache. Noch vor der endgültigen Trennung war er in die Wohnung von Heide in deren Elternhaus eingezogen. Doch auch diese Beziehung war nicht von Dauer. Immer wieder nämlich zog es Richard Stahl nach der richterlichen Scheidung zu Ex-Frau Brigitte und der kleinen Tochter, die nun bald zur Schule geht. Mehrmals übernachtete er in der Vergangenheit in dem einst gemeinsamen Zuhause, damit das kleine Mädchen nicht allein sein musste, wenn Mutti in der »Kohle« zur Nachtschicht war. Heide Wache fand diesen freundschaftlichen Umgang ihres Geliebten zu seiner Ex gar nicht gut, sondern war wütend und enttäuscht. Sie gab Richard kurzerhand den Laufpass und fand in Henry Holz, einem anderen Arbeitskollegen auf der Verladestation der Fabrik, in der die Braunkohle aus dem gleichnamigen Tagebau »Meurostolln« zu Briketts gepresst werden, einen neuen Lebenspartner. Zwar hat sie Richard nicht gleich mit Sack und Pack vor die Wohnungstür gesetzt, doch dass er nicht ewig bei ihr campieren kann, ist Rangierleiter Stahl klar. Um eine neue Bleibe hat er sich noch nicht bemüht. Insgeheim hofft er, dass die Hinwendung von Heide zu Henry Holz nur ein Intermezzo ist.

Die Eifersucht auf den Mann, der ihm bei der Freundin den Rang abgelaufen hat, nagt heftig an seiner Mannesehre. Dennoch, eine Lösung muss her. »Vielleicht kann ich wieder bei Brigitte einziehen? Wir verstehen uns trotz der Trennung immer noch gut, und für die Kleine wäre es auch das Beste«, geht es ihm durch den Kopf. Er setzt sich an den Küchentisch und schreibt ein paar Zeilen an seine Frau. Er sagt noch immer Frau, und nicht Ex-Frau.

Liebe Brigitte, ich muss mit Dir sprechen. Du weißt ja, dass es mit Heide und mir nicht mehr läuft und dass sie jetzt einen neuen Freund hat. Ich muss bestimmt bald raus aus der Wohnung. Lass uns heute Abend bei Deiner Geburtstagsfeier miteinander sprechen. Bis bald! Richard.

Den Zettel steckt er am Vormittag bei Brigitte in den Briefkasten.

Der Geburtstag von Brigitte ist am Montag, dem 4. Mai 1987. Er ist eingeladen und hat sich extra freigenommen. Heide war nicht erfreut darüber. Wahrscheinlich ist ihr kleiner Sohn deshalb wieder einmal allein, denn ob Richard nach Hause kommt oder bei seiner Ex übernachtet, steht in den Sternen, zürnt sie. Na klar, Oma und Opa wohnen im gleichen Haus, die schauen nach dem Jungen. Trotzdem ist sie sauer. »Kannst ja bei der einziehen«, faucht sie Richard an. Dass er tatsächlich einen solchen Gedanken hegt, ahnt sie nicht.

Als Richard gegen 19.30 Uhr bei Brigitte mit einem Blumenstrauß und einem kleinen Geschenk aufkreuzt, ist die Feier bereits im Gange. Die Gastgeberin wuselt herum, um ihre Gäste gut zu versorgen. Mehrmals hat er bereits versucht, mit ihr unter vier Augen zu sprechen. Stets kam etwas oder jemand dazwischen. Da bleiben Richard nur belanglose Gespräche mit den Gästen und Bier und Schnaps als Tröster. Vier Flaschen Bier und acht bis zehn doppelte Weinbrand werden es wohl mindestens gewesen sein, als er gegen Mitternacht die Party ohne die ersehnte Aussprache verlässt. Auf dem Weg nach Hause schießen ihm alle möglichen Gedanken über sein Schicksal durch den mittelschwer benebelten Kopf. Innerlich beginnt es, in ihm zu brodeln. Das Bild des Schuldigen an seiner verzwickten Situation bekommt nach und nach Konturen, die von Henry Holz. »Der hat mir Heide ausgespannt. Dafür soll er büßen. Der wird nicht glücklich mit ihr«, nimmt ein Racheplan Gestalt an. »Und Heide nicht mit ihm. Keinen von uns beiden Männern soll sie haben.«

Richard Stahl schreibt erneut einen Brief, diesmal an Heide.

Ich will, dass Du zu mir zurückkommst. An allem ist nur der Holz schuld. Wenn Du weiter bei ihm bleibst, bringe ich ihn um. Und mich auch. Dann hast Du mit keinem von uns eine Freude, krakelt er zusammen. Kaum hat er den letzten Punkt gesetzt und den Zettel viermal gefaltet, taucht Heide auf. Vom »Meurostolln« bis nach Hause ist es nur ein Katzensprung. »Was machst du denn hier«, wundert sich Stahl. »Ich denke, du bist auf Schicht.«

»Bin ich ja auch. Muss ja mal nach dem Kleinen schauen, ob er schläft. Auf dich ist ja kein Verlass. Deine Ex hat dich wohl rausgeschmissen, was ich auch bald machen werde«, bekommt er zur Antwort.

»Hier, für dich!« Richard Stahl reicht Heide den Zettel. Mehr als ein Lachen und: »Du spinnst doch«, hat sie für das Geschreibsel nicht übrig. Dann eilt sie, sich mit dem Zeigefinger gegen die Stirn klopfend, wieder an ihren Arbeitsplatz.

»Jetzt hat sie mir auch noch den Vogel gezeigt.« Er fühlt sich durch den Nebenbuhler nicht nur gehörnt, sondern nun auch noch von der zweiten, ernsthaften Frau in seinem Leben gedemütigt. »Entweder sie spricht mit mir, und alles wird wieder gut, oder ich tue es.«

Richard Stahl hat sich entschlossen. In der Küche kramt er im Schubfach, in dem das Besteck aufbewahrt ist, nach der passenden Waffe. Das Messer, das er auswählt, ist spitz und scharf. Die Klinge ist knapp sechzehn Zentimeter lang und drei Zentimeter breit. Richard Stahl steckt sich das Messer in den Hosenbund und läuft hinüber ins Werk, zeigt dem Pförtner seinen Betriebsausweis und geht, freundlich grüßend, an dem Wachmann vorbei. »Was der jetzt noch will«, wundert sich der Uniformierte in seinem Kabuff, dann widmet er sich wieder seinem Buch.

Kurz nach halb zwei Uhr in der Nacht taucht Stahl im Wiegeraum der Brikettverladung auf. Neben Heide Wache und Henry Holz ist noch ein Dritter vor Ort, der ihm ebenfalls bekannte Kollege Jürgen Sprinter. Hochrot im Gesicht droht Stahl lauthals: »Den Holz mache ich heute noch kalt«, und an Heide Wache gewandt: »Du wirst auch keine Freude mehr haben an deinem Leben.«

Der Auftritt von Richard Stahl zeigt Wirkung. »Los, komm mit«, fordert Heide Wache ihren Freund Henry Holz auf und geht hinüber in das Meisterbüro. Dort steht ein Telefon. Sie will den Betriebsdispatcher anrufen. Der soll die Polizei informieren und Hilfe holen. Jürgen Sprinter folgt den beiden. Er kann Richard Stahl trotz allen Bemühens nicht vom Meisterbüro fernhalten. Kaum hat Heide Wache den Hörer aufgelegt, verwirklicht Stahl seinen Mordplan. Er rammt Henry Holz das Messer in den Unterleib, zieht es heraus und will noch einmal zustechen. Sprinter greift beherzt ein. Er versucht vergebens, dem Verrückten das Messer aus der Hand zu schlagen. Richard Stahl ist wild entschlossen, nun Selbstmord zu begehen und sticht sich mit dem Messer in den Bauch. Ist er wirklich überzeugt, dass er nun sterben wird? Jedenfalls zieht er den Dolch, der nicht sehr tief eingedrungen ist, heraus und wirft ihn aus dem Fenster des Meisterbüros. Dann geht er nach Hause und bittet den Vater von Heide Wache, ihn mit dem Auto zum Arzt zu bringen.

Die Wunde von Stahl ist schnell versorgt. Sie ist alles andere als schwerwiegend. Die von Henry Holz dagegen ist lebensgefährlich. Der Dünndarm ist an zwei Stellen von der Messerspitze getroffen und hat Gefäße verletzt. In seine Bauchhöhle ergießen sich zwei Liter Blut. Eine Notoperation rettet ihm das Leben.

Die Mordattacke in der Brikettfabrik »Meurostolln« überrascht alle, die Richard Stahl länger kennen. Er ist in einer kinderreichen Arbeiterfamilie aufgewachsen. Den Eltern mag es an der Zeit gefehlt haben, sich intensiver um Richards schulische Leistungen zu kümmern. Oder, richtiger gesagt, um seine Nichtleistung. Vom Lernen hält er nicht viel und schafft deshalb nur die siebte Klasse, was in der DDR eher die Ausnahme ist. Auch die Lehre zum Keramiker in einem großen Klinker- und Ziegelwerk bildet für ihn eine Hürde, die der Jugendliche nicht überspringen kann. Dann aber platzt der Knoten. In der Brikettfabrik »Meurostolln« beginnt er nach der »Fahne«, dem Ehrendienst bei der Nationalen Volksarmee der DDR, wie die Wehrpflicht offiziell heißt, als Kohleverlader, wird später als Rangierer für die Kohlezüge eingesetzt und macht das so gut, dass ihn die Chefs zum Rangierleiter befördern. Er ist ein ruhiger, freundlicher und stets hilfsbereiter Kollege, ein Kumpel eben. Bis zu der Tat im »Meurostolln«.

Dafür muss er sich drei Monate später vor dem Bezirksgericht Cottbus wegen versuchten Mordes verantworten. Er gesteht das Verbrechen und wird zu sechs Jahren Freiheitsentzug verurteilt. Die Richter wenden eine, im Strafgesetzbuch der DDR festgeschriebene, außergewöhnliche Strafmilderung an. Der Angeklagte habe aus einer für ihn als ausweglos empfundenen Enttäuschung gehandelt und sich an der Grenze einer psychischen Zwangslage befunden. Durch die schnell eingeleitete Hilfe habe das Opfer zum Glück nur eine kurze Zeit in Lebensgefahr geschwebt und keine dauerhaften körperlichen Schäden erlitten, begründen die Richter ihre Milde.

Richard Stahl verhält sich im Strafvollzug vorbildlich und wird bereits im Juli 1990 mit Zustimmung der Staatsanwaltschaft auf Bewährung aus dem Gefängnis entlassen. Er ist nicht wieder straffällig geworden.

Habgier

Claus Prüfer ist ein Oma-Kind. Zu Oma Martha geht der Junge, wenn er es daheim in dem hässlichen Zweifamilienhaus in der idyllisch gelegenen Kleinstadt Lindow nicht mehr aushält. Eingebettet im heutigen Naturpark Stechlin-Ruppiner Land wirbt Lindow mit viel Grün, bunten Blumen, schmuck hergerichteten Häusern aus der Zeit des Klassizismus, gepflegten Straßen und Plätzen, seinem um 1200 erbauten Kloster und den drei Seen – dem Gudelack-, dem Vielitz- und dem Wutzsee – für Erholung und Entspannung vom Großstadtstress. Schließlich sind es von Berlin oder Potsdam weniger als 100 Kilometer bis nach Lindow, das sich Stadt der drei Seen nennt.

1967 aber, als Claus als zweites von insgesamt fünf Kindern geboren wird, ist Lindow weit weg von der »blühenden Landschaft« der Nachwendezeit. Zwar gibt es in der Nähe ein Erholungsheim der DDR-Regierung, die Stadt selbst aber hat mit dem zunehmenden Verfall vieler »Bruchbuden« zu kämpfen.

Schlimmer als das Äußere des Hauses, in dem die Prüfers hausen, sind die Verhältnisse darin. Der Vater, der als Kraftfahrer arbeitet, tauscht, wenn er den Motor seines Fahrzeugs abgestellt hat, den Platz im Fahrerhaus viel zu oft mit dem in der Stammkneipe. Ist er betrunken, setzt es Hiebe – für die Ehefrau und für die Kinder. Liebe erfahren Claus und seine Geschwister nicht. Der heranwachsende Junge schämt sich für sein mieses und verwahrlostes Zuhause. Die Familie hat einen schlechten Ruf und Claus keine Freunde. Zumindest nicht die richtigen. Der Junge fühlt sich auf der Straße wohler als daheim. Er treibt sich schon als Kind herum, schließt sich einer Clique von mehreren Kindern an, deren Elternhaus ebenfalls weit weg ist vom »sozialistischen Familienbild der Liebe und Geborgenheit«. Die Minderjährigen stromern durch die Gegend, klauen und amüsieren sich über Erwachsene, wenn sie ihnen wieder einmal einen derben Streich gespielt haben. Wenigstens bei seinen Omas fühlt sich Claus geborgen. Oma Martha kümmert sich um ihren Enkel. Sie bemüht sich um das Erziehungsrecht für Claus, weil ihr die desolaten Zustände im Haushalt ihrer Tochter nicht verborgen bleiben, bekommt es aber nicht zugesprochen. Bei ihr kann der Junge ohne Zank und Streit und Angst vor Gewalt durch den Vater übernachten, sie kleidet ihn ein, damit das Kind nicht tagein, tagaus, sonntags wie feiertags die abgetragenen Sachen fremder Leute anziehen muss. Sie ist lieb zu ihrem Enkel, aber bändigen kann sie ihn nicht.

Claus hat neben Martha noch Oma Marie. Eigentlich ist die gar nicht seine richtige Oma, sondern die seiner kleinen Freundin Brita. Zwölf Jahre sind die beiden Kinder, als ihn Brita zum ersten Mal mitnimmt zu Oma Marie. Die schließt den Jungen sofort in ihr Herz, wohl auch deshalb, weil sie sich für ihre Enkelin freut, die es zu Hause ebenfalls nicht leicht hat. Oma Marie hält zu ihm, auch als sich Claus längst auf einem Entwicklungsweg befindet, der beständig bergab führt.

Zunächst scheint das Kind den schlechten häuslichen Bedingungen trotzen zu können. Die Fürsorge der Erzieherinnen in der Kinderkrippe und im Kindergarten kompensiert die Defizite im Haus der Familie Prüfer. In den ersten drei Schuljahren kommt Claus noch gut zurecht, dann aber verliert er jegliche Lust an der Schule und am Lernen. Lehrer und Klassenkameraden bekommen den Schulschwänzer selten zu Gesicht, und wenn er doch mal zum Unterricht erscheint, dann bleibt er höchstens bis zur nächsten Pause.

Claus Prüfer wird in ein Spezialkinderheim eingewiesen, in dem er die fünften und sechsten Klasse absolviert. Er fühlt sich wohl in dem Heim, viel wohler als daheim, kommt mit den Lehrern klar und findet Kontakt zu anderen Kindern. Die anschließende Unterbringung in einem Jugendwerkhof, einer Einrichtung für schwererziehbare Kinder und Jugendliche im Alter zwischen vierzehn und achtzehn Jahren, macht den Heranwachsenden erneut rebellisch. Er schafft wenigstens den Berufsabschluss als Schlosser für Landmaschinen, den Sprung in ein geordnetes Leben, den schafft er nicht. Inzwischen sechzehn Jahre alt, wird er aus dem Jugendwerkhof nach Hause in die zerrüttete Familie entlassen. Oft ist er nicht dort. Claus ist fortan mehr im Gefängnis als in Freiheit. Zwischen 1983 und 1989 steht er sechsmal vor Gericht; wegen Widerstands gegen staatliche Maßnahmen, sexuellen Missbrauchs von Kindern, Körperverletzung, mehrfachen Diebstahls und wegen »öffentlicher Herabwürdigung«, wie eine Hakenkreuz-Schmiererei bewertet wurde, die gegen einen Gefängniswärter gerichtet war. Von den vierzehn Monaten Freiheitsentzug, die er für dieses Nazisymbol aufgebrummt bekommt, muss er nur sechs

173

Monate absitzen. Durch eine Amnestie kann er Weihnachten 1989 in Freiheit feiern.

Die einzigen Beziehungen, die außerhalb der Gefängnismauern von Dauer sind, sind die zum Alkohol und die zu seiner Oma Marie. Die zuletzt auch intime Freundschaft zu Brita, seiner Gefährtin seit dem zwölften Lebensjahr, ist in die Brüche gegangen, eine Liaison mit einer anderen Frau war nur von kurzer Dauer. Sexuell hatte es im Bett geklappt, doch vom Zusammenleben mit einer Frau hält Claus nichts. Seine Freiheit, oder was er dafür hält, nämlich tun und lassen zu können, wie es beliebt, bedeutet ihm mehr.

Ist Prüfer auf freiem Fuß, schaut er oft bei seiner Oma Marie vorbei. Sie ist für ihn die einzige Bezugsperson. Zu ihr hat er Vertrauen, die hat stets Kontakt zu ihm gehalten, als er im Spezialkinderheim oder im Jugendwerkhof war oder im Gefängnis saß. Beide haben keine Geheimnisse voreinander, und für Oma Marie, die inzwischen fast fünfundsiebzig Jahre alt ist, ist Claus ein Helfer bei Dingen, die sie nun wirklich nicht mehr allein erledigen kann. Das Renovieren ihrer Wohnung gehört dazu.

Als sie Anfang Januar 1990 wieder einmal bei einer Tasse Kaffee beieinandersitzen, fragt sie ihren »Enkel«, ob er ihr das Wohnzimmer neu tapezieren könnte. »Brauchst es auch nicht umsonst zu machen. Kriegst zehn Mark die Stunde. Ich will mir einen neuen Fernseher kaufen, da soll es doch schön hier drin sein. Mein Sohn Herbert hat keine Zeit. Den alten Fernseher kannst du übrigens für deine Wohnung haben. Der ist ja noch gut, den schenke ich dir.« Claus zögert nicht lange. Das Geld kann er gut gebrauchen. Die ihm nach der letzten Entlassung aus dem Gefängnis zugewiesene Arbeitsstelle hat er gar nicht erst aufgesucht. Der in Aussicht gestellte Malerlohn kommt gerade recht. »Na klar, Oma Marie, mach ich. Wie wär's denn am 4. Februar. Das ist ein Sonntag? Da kann ich unter der Woche alles einkaufen und schon ein paar Vorarbeiten erledigen.«

Claus Prüfer hält sein Versprechen und ist am Sonntag zur Stelle. Als er bei Oma Marie klingelt, ist es allerdings schon vierzehn Uhr, reichlich spät also fürs Tapezieren eines Zimmers. Ausgeräumt ist es wenigstens schon. Die Schrankwand ist bei Sohn Herbert geparkt, die anderen Möbel sind in der Wohnung verteilt. So fortgeschritten der Tag bereits ist, so wenige Fortschritte machen die Malerarbeiten. Claus Prüfer rumort ewig lange in der Küche herum, statt Tapeten zuzuschneiden, sie einzukleistern und an die Wand zu kleben. »Claus, was suchst du denn«, wird die alte Dame ungeduldig. »Ich suche Werkzeug, muss die Nägel aus der Wand ziehen«, redet der sich heraus. Was er wirklich sucht, verrät er nicht. »Ich koche uns einen Kaffee und schmiere ein paar Schnitten. Mit dem Renovieren wird heute wohl nicht mehr viel werden. Herbert will noch vorbeikommen, und mit meiner Freundin Trude bin ich ebenfalls noch verabredet«, reagiert die Wohnungsinhaberin verärgert über die Lustlosigkeit des Helfers. Einmal in Missstimmung versetzt, liest Oma Marie ihrem »Enkel« am Kaffeetisch gleich noch gehörig die Leviten. »Warum hast du mit der Brita Schluss gemacht? Ihr habt euch lange gut verstanden, und dann rennt ihr einfach auseinander«, hadert sie über die Trennung der

jungen Leute, als wäre das erst gestern gewesen und liege nicht schon über sieben Jahre zurück. »Aber, das ist
ja kein Wunder, du bist ja mehr im Knast als draußen.
Wenn du so weitermachst, dann bist du gleich wieder im
Gefängnis. Gehst nicht zur Arbeit, hast kein Geld, und
dann klaust du wieder«, zetert Oma Marie weiter. Sie hat
stets zu Claus gehalten, ihn in Schutz genommen, doch
sie befürchtet inzwischen allen Ernstes, dass es mit dem
Jungen, den sie gern hat, ein schlimmes Ende nehmen
wird.

In der Tat ist das sehr nahe. Claus Prüfers Gedanken
sind auf alles andere als auf Wände und Tapeten gerichtet, sondern drehen sich vielmehr um das Geld der Oma,
das sie in der Wohnung aufbewahrt. Die traut der Sparkasse nicht über den Weg und hebt ihre Rente immer
gleich vom Konto ab. Außerdem will sie sich einen neu-
en Fernseher kaufen, dafür hat sie bestimmt 2.000 Mark,
vielleicht auch 3.000 Mark beiseitegelegt. Er kennt ihre
Gewohnheiten, das Geld in der Wohnung zu verstecken.
Der Bettkasten der Couch beispielsweise oder die leere
Zuckerdose vom guten Geschirr waren oft ihre »Tresor-
fächer«.

Die bisherige Sucherei in der Küche war erfolglos. Prüfer vermutet die Scheine in den Flurmöbeln. Die alte
Dame hält sich bestimmt nicht ohne Grund andauernd
im Korridor auf. Will er an das Geld, muss er sich beeilen. Wenn Sohn Herbert erscheint, der ihn ohnehin
nicht leiden kann, wäre die Chance vergeben. Oder wenn
Oma Marie zu ihrer Freundin Trude geht. Allein lässt
sie den windigen »Enkel« nicht in ihrer Wohnung. Und

einbrechen will er nicht. Oma könnte ihn überraschen. Das wäre ihm peinlich. Er verschwindet erneut in der Küche, schnappt sich aus dem Schrank unter der Spüle einen Hammer, der vorn eine Klaue hat, steckt ihn in den Hosenbund und geht hinüber ins Wohnzimmer. Er will damit der alten Frau auf den Kopf schlagen. Prüfer zieht den Hammer aus dem Gürtel, setzt an und – zieht mit der Klauenseite einen Nagel aus der Wand. »Wenn ich die Alte nicht richtig treffe, dann schreit die um Hilfe und macht das ganze Haus rebellisch«, ist ihm im letzten Moment durch den Kopf geschossen. An ihr Geld will der junge Mann trotzdem. Er dreht sich um, legt Oma Marie die Hände um den Hals und drückt, beide Daumen auf den Kehlkopf gepresst, mit aller Kraft zu. Das Opfer versucht, sich zu wehren, doch die schwachen Kräfte lassen schnell nach. Prüfer lässt erst von ihm ab, als es reglos am Boden liegt. Er legt die Tote auf die Couch und deckt sie mit einer Wolldecke zu. Alles soll aussehen, als schlafe die alte Dame. Eilig durchsucht er die Schränke im Flur, achtet aber darauf, dass keine Unordnung entsteht. Jeden Moment könnte Sohn Herbert auftauchen, und der soll nichts merken. Im Korridorschrank findet er 30 Westmark und 70 Mark der DDR. Von dem vielen Geld für den Fernseher, das er sich erhofft hatte, entdeckt er nichts. Prüfer schnappt sich den Wohnungsschlüssel, schließt die Tür von außen ab und wirft ihn auf dem Weg zu sich nach Hause in den Fluss hinter der alten Klostermühle. In seiner Wohnung zieht er sich um und geht anschließend ins Kulturhaus von Lindow, wo er sich in der Gaststätte kräftig volllaufen lässt. Mehrfach erzählt er

Zechkumpanen vom Mord an Oma Marie. Noch in der Nacht wird er verhaftet. Mit einer Vernehmung muss die Polizei allerdings warten. Prüfer ist so betrunken, dass ihm die Zunge zum verständlichen Artikulieren nicht mehr gehorcht.

Nach ein paar Stunden Schlaf in Polizeigewahrsam gibt Prüfer zu, dass er die alte Dame getötet hat. Das wahre Motiv, die Gier nach dem Geld der Frau, die ihn jahrelang umsorgt hatte, verschweigt er. Er redet von einem Erbschein, den sie ihm versprochen und nach dem er angeblich gesucht hatte. Erst fünf Monate später macht er reinen Tisch und gesteht neben dem Mordmotiv weitere Eigentumsdelikte.

In der Charité der Humboldt-Universität Berlin wird ein gerichtspsychiatrisches Gutachten erstellt, in dem es um die Schuldfähigkeit von Prüfer geht. Von der medizinischen Exploration hält er wenig. »Ich bekomme doch sowieso fünfzehn Jahre oder lebenslänglich. Was ich gemacht habe, war der blanke Mord.« Dennoch lässt er sich untersuchen. In dem Gutachten ist später die Rede von milieuschädigenden Bedingungen im Kindesalter, von Geborgenheitsverlusten, Vernachlässigung, Angst und fehlender Sicherheit, die zu erheblichen Defiziten führten. Bereits im Kindesalter habe sich regelrechter Hass auf die Eltern entwickelt. Emotionale Gefühle habe er nur gegenüber seiner »Oma Marie« gezeigt, die er wegen ein paar Mark kaltblütig tötete.

Aus medizinischer Sicht ist er für den Mord voll schuldfähig.

Das Bezirksgericht Potsdam verurteilt Claus Prüfer im

Mai 1991 wegen Mordes aus Habgier zu einer Freiheitsstrafe von vierzehn Jahren.

Im Mai 2003 stellt Prüfer einen Antrag auf vorzeitige Entlassung aus der Haft. Wenig später zieht er ihn zurück mit der Begründung, voreilig gehandelt zu haben. »Ich habe eigentlich Angst vor der Freiheit. Das Leben danach.« Auf den Tag genau vierzehn Jahre nach der Tat verlässt Claus Prüfer das Gefängnis und findet Obdach in einem Wohnprojekt des Gefangenenhilfevereins Humanitas in Brandenburg, der sich um Menschen wie Prüfer kümmert und sie in deren Bemühen unterstützt, sich ein straffreies Leben aufzubauen.

Ob es gelungen ist, ist nicht bekannt.

Der Phantom-Mord

Freitag, 15. Juni 1990, Ostberlin, Hauptstadt der DDR. Es ist der Tag, an dem die materielle Trennung zwischen der vierundzwanzig Jahre alten Anita Förster und dem nur wenig älteren Lars Jürgens endgültig vollzogen wird. Ein Klavier soll aus der Wohnung von Lars in der Lychener Straße in die seiner Ex-Freundin Anita in der Kremmener Straße in Berlin gebracht werden. Beide waren vier Jahre lang ein Liebespaar. Anita wollte mit ihrem Lars auf ewig verbunden sein, eine Familie gründen, Kinder bekommen und sie aufwachsen sehen. Lars aber war dazu nicht bereit. Er will mehr erleben in einer Welt, in der die Menschen in der DDR sich aufgemacht haben, die engen Grenzen mit Mauer und Stacheldraht endgültig zu sprengen. Er will frei sein, Neues erkunden und erleben. Vor vier Wochen haben sie sich getrennt. Es hat wehgetan. Wenigstens Freunde sind sie geblieben. Weil Anita Frühschicht hat als Krankenschwester im St. Hedwig-Krankenhaus in Berlin-Mitte, hilft ihre Schwester Judith beim Umzug des gewichtigen Musikinstruments. Oder besser gesagt: Sie soll ihn beaufsichtigen. Die Schwestern verstehen sich gut. Judith ist nur ein Jahr älter als die »kleine« Anita. Geheimnisse zwischen den beiden gibt es kaum. Umso verwunderter ist Judith, als sie in der Wohnung ihrer Schwester Michael Grau, einen Arbeitskollegen von Anita, antrifft, der im Badezimmer an einem alten Schrank herumwerkelt, um ihn auf Neu zu trimmen. »Ich wusste ja gar nicht, dass du einen Schlüssel zur Wohnung hast«, begrüßt sie den Mann nicht gerade euphorisch. Sie weiß, dass Michael in ihre kleine Schwester verliebt ist und dass er hofft, sie durch handwerkliches Geschick und ständiges Dasein für sich zu gewinnen. Anita kann diese Liebe nicht erwidern, diese aufdrängende Hilfsbereitschaft stößt sie sogar ab, weiß Judith. Am Abend will sie sich ihre Schwester zur Brust nehmen. Sie soll Michael endgültig klarmachen, dass sein Werben um sie zwecklos ist. Zumal sie weiß, dass die »Kleine« gerade dabei ist, sich in einen anderen Mann, einen Lehrer aus Frankreich, zu verlieben. Auf einer Tramper-Tour in Rumänien hatten sich die beiden kennengelernt. In den nächsten Tagen will ihre Schwester ihn in Frankreich besuchen und gemeinsam mit ihm die Ferien verbringen. Im Krankenhaus hat sie schon wegen Urlaub nachgefragt. Das hat geklappt. Demnächst soll es losgehen. Urlaub in Frankreich – vor einem halben Jahr war das noch ein unerfüllbarer Traum.

Als das Klavier endlich untergebracht ist, hat es Judith eilig. Sie muss nach Schwedt, dort ist sie mit der Mutter verabredet. Die will ein paar kleinere Dinge aus ihrem Haushalt für ihre Mädchen abgeben. Gemeinsam fahren sie dann am Abend nach Berlin. Als Mutter und Tochter gegen 19.30 Uhr ankommen, findet Judith einen Zettel an ihrer Wohnungstür, den Michael Grau dort angebracht hat.

Anita kommt heute nicht. Sie nimmt an einer Abschiedsfeier teil. Sie meldet sich morgen nach ihrer Spätschicht bei Dir. Michael.

Läuft da doch etwas zwischen den beiden?

Sonnabend, 16. Juni 1990, Wohnung von Judith Förster. Judith ist sauer auf ihre jüngere Schwester. Anita hätte ja wenigstens mal vorbeischauen können, zumal sie wusste, dass Mutti am Vormittag wieder nach Schwedt muss. Sie schnappt sich ihr Fahrrad und radelt in die Kremmener Straße. Michael ist schon wieder in der Wohnung und weicht Anita, die sich keiner Schuld bewusst ist, nicht von der Seite. »Mutti war ganz schön traurig, dass sie dich nicht sehen konnte«, sagt Judith nur. Mit Michael am Schürzenbändchen von Anita gibt es keine Gelegenheit, sich auszusprechen. Die Schwestern rollen mit den Augen. Der Mann stört. Sie verabreden sich für ein Treffen nach der Spätschicht. »Es kann aber spät werden, so gegen 23 Uhr. Ich will noch zum Ostbahnhof fahren, um nach Frankreich zu telefonieren. Hoffentlich klappt das. Ich habe ja noch nie ins Ausland angerufen. Es kann aber auch sein, dass ich danach gleich nach Hause fahre«, lässt sich Anita ein Hintertürchen offen. Am Abend gegen 21 Uhr telefonieren die Schwestern noch einmal miteinander. Diesmal sagt Judith das Treffen ab. Sie will lieber zu Theo, einem Bekannten, in den Garten gehen. Die beiden Frauen verabreden sich für den nächsten Tag zum gemeinsamen Mittagessen bei Judith. Kurz bevor sie aufbricht, erkundigt sich Lars Jürgens bei ihr nach dem Schichtrhythmus seiner Ex-Freundin.

Sonntag, 17. Juni 1990. Anita Förster hat das Mittagessen bei ihrer Schwester platzen lassen. »Wird was dazwischengekommen sein«, denkt sich Judith. »Vielleicht hat sie verschlafen und es gerade noch pünktlich zur Spätschicht geschafft.« So kann sie sich selbst noch etwas aufs Ohr legen. Es war spät geworden gestern. Erst bei Gartenfreund Theo, und dann hatte sie auch noch bei Nachbar Franz vorbeigeschaut und mit ihm bei einem Gläschen Wein über Politik diskutiert. Heute wollen Anita und sie gemeinsam mit Michael, Lars, Theo, Franz und noch anderen Plakate kleben: gegen die Stasi und für die deutsche Wiedervereinigung. Nach der Maueröffnung am 9. November 1989 und den folgenden Auftritten prominenter westdeutscher Politiker mit Bundeskanzler Kohl an der Spitze hat sich die Losung »Wir sind das Volk« der Leipziger Demonstrationen für Freiheit und Demokratie in der DDR in den Ruf »Wir sind ein Volk« gewandelt. Die Plakatkleber wollen sich spätestens um 22 Uhr treffen.

Wer nicht erscheint, ist Anita.

In der Gruppe kommt Unruhe auf. Michael Grau und Lars Jürgens, die sich wohl beide wieder oder noch Hoffnung machen auf die Gunst von Anita Förster, wundern sich über deren Fernbleiben. Lars hatte am Vorabend kurz vor Schichtschluss mit seiner Ex-Freundin gesprochen. Sie wollte eigentlich bei ihm noch einmal kurz vorbeischauen, war aber nicht gekommen. So erzählt er es jedenfalls. »Ich fahr jetzt zum Krankenhaus und erkundige mich, wo sie ist. Vielleicht muss sie Doppelschicht machen«, verkündet er Judith und den anderen Plakatklebern. Eine Stunde später ist er zurück. »Anita war nicht auf Arbeit. Ich habe auf der Station angerufen, weil ich ihr Fahrrad nicht im Fahrradständer entdeckt habe. Zu Hause ist sie aber auch nicht. Dort war ich gerade«, berichtet er und atmet dabei heftig durch.

Stimmt da etwas nicht?

Judith und die Freunde beginnen mit der Suche. Sie

fragen am Ostbahnhof nach, besorgen sich die Telefonnummern der Berliner Krankenhäuser, um dort etwas zu erfahren. Es muss etwas passiert sein. Judith kennt ihre Schwester gut. Sie ist zuverlässig. Dass Anita sie, Michael und Lars versetzt hat, ist nicht so schlimm. Niemals aber wäre sie unentschuldigt der Arbeit ferngeblieben.

Montag, 18. Juni 1990. Judith Förster steht früh auf. »Wo ist Anita?« Die Ungewissheit hat sie unruhig schlafen lassen. Die Angst umklammert die Schwester. Judith spürt: »Ich kann nicht tatenlos herumsitzen.« Sie fährt in die Kremmener Straße zur Wohnung von Anita. Im Innersten spürt sie, dass dort niemand ist. Sie öffnet, warum auch immer, alle Schränke, als könnte sich die Gesuchte darin versteckt haben. Oder sucht sie nach Hinweisen, die ihr Wegsein erklären oder die zu ihr führen?

Nichts.

Auf der Straße trifft sie Lars Jürgens. Der ist auf dem Weg zum Bäcker. »Hast du was von Anita gehört?«

»Nein. Ich war nachts noch mal in der Kremmener Straße. Da habe ich Licht in der Wohnung gesehen und geklingelt. Plötzlich stand Michael in der Tür. Ehrlich, das fand ich schon ein bisschen komisch.«

Judith Förster geht in Begleitung von Lars Jürgens zur Polizei, um nach Anita Förster suchen zu lassen. Im nahe gelegenen Polizeirevier 13 nimmt ein Uniformierter die Personenbeschreibung auf. Statt umgehend die Fahndung einzuleiten, wiegelt der Polizist ab. »Sehen Sie, Ihre Schwester ist alt genug. Die wird wissen, was sie tut. Sicher hat sie jemanden kennengelernt und ist jetzt bei ihm. Oder sie ist bei Ihrer Mutter oder bei Bekannten. Fragen

Sie dort nach. Wir können im Moment keine Fahndung einleiten. Ihre Schwester taucht bestimmt bald wieder auf.«

Bei wem Judith Förster auch anruft, nirgends gibt es eine Spur. Verzweifelt geht sie am Mittag in das Polizeihauptrevier in der Keibelstraße. Diesmal ist Michael Grau an ihrer Seite. »Die wissen bestimmt über alles Bescheid«, machen sich beide Mut. Judith Förster gibt erneut eine Personenbeschreibung zu Protokoll und hat jetzt auch ein Foto der Vermissten bei sich: Anita Förster, 24 Jahre alt, etwa 1,80 Meter groß und schlank, dunkelblondes, schulterlanges Haar. Bekleidet ist sie mit einer dunkelblauen Jeans der Marke »707 Star«, einer roten Bluse und einer ausgewaschenen Bundjacke. Sie trägt knöchelhohe weiße Sportschuhe der Marke »Puma« und ist mit einem Fahrrad, einem 28er Herren-Sportrad mit Rennlenker und Fünfgangschaltung, unterwegs. Auf dem hinteren Schutzblech befindet sich ein roter Aufkleber mit chinesischen Schriftzeichen, die übersetzt »Demokratie« heißen. Anita hat, wie immer, einen roten Rucksack mit schwarzen Trägern bei sich.

»Warten Sie hier«, wird Judith Förster beschieden.

Nach einer gefühlten Ewigkeit kommt ein Beamter der Kriminalpolizei. Im Flur stehend, raunzt der Kripomann die beiden jungen Leute an: »Was fällt Ihnen ein, in zwei Polizeirevieren gleichzeitig Anzeige zu erstatten. Machen Sie, was Ihnen im Revier 13 gesagt wurde.« Judith Förster bricht in Tränen aus. »Meiner Schwester ist bestimmt etwas passiert.« Der Kripomann lässt sich erweichen. »Ich kann ein Auto mit zwei Polizisten zur Wohnung Ihrer

Schwester schicken. Dann suchen wir im Haus alles ab, vom Keller bis zum Boden.«

Die Suche bleibt ergebnislos.

Dienstag, 19. Juni 1990, Berlin, Hauptpolizeirevier Keibelstraße. Die Polizei ist sich längst nicht mehr sicher, dass Anita Förster nur aus einer Laune heraus abgetaucht ist. Die Kripo leitet jetzt offiziell die Fahndung ein. Alle Reviere und Polizeistreifen werden informiert, Krankenhäuser nach unbekannten Patienten befragt, die zwischen dem 16. und 18. Juni 1990 eingeliefert worden sind. Es gibt nicht den geringsten Anhaltspunkt, wo die junge Frau sein könnte. Auf dem Bahnhof wird ermittelt, Schaffnerinnen und Schaffner in Zügen, die nach 22 Uhr abgefahren sind, wird das Bild der Vermissten gezeigt. Hinweise bleiben Fehlanzeige.

Sonntag, 17. Juni 1990, Schneeberg (Kreis Beeskow), Bezirk Frankfurt (Oder). Förster Franz Tanne ist gegen 20 Uhr in seiner grünen Dienstkleidung in einem Waldgebiet zwischen Grunow und Schneeberg unterwegs, das knapp 100 Kilometer östlich von Berlin liegt und zu seinem Revier gehört. Er trägt Hemd und Krawatte, eine Jacke, darüber einen Parker, eine lange, feste Hose und Lederstiefel. Der Hut mit der links hochgestellten Krempe sitzt fest auf dem Kopf, über der rechten Schulter trägt er das Gewehr. Um den Hals baumelt ein Feldstecher, der im Futteral steckt. Im Jagen 21/B1 auf einem Waldweg, der zur Fernverkehrsstraße 246 (heute Bundesstraße 246) führt, entdeckt er Reifenspuren von einem Auto und daneben Fußspuren, die am Vortag noch nicht dagewesen waren. Ihm fällt ein merkwürdiger Blutfleck auf. »Da hat

wohl einer gewildert«, denkt er sich erbost. »Wahrscheinlich ist hier ein erlegtes Tier in ein Auto geladen worden.«
Aufmerksam blickt er sich in der Kiefernschonung um.
In etwa fünfzehn Meter Entfernung sieht er zwischen
zwei Baumreihen eine Leiche liegen. Wahrscheinlich
handelt es sich um eine Frau. Der Kopf ist mit einer Jacke bedeckt. Forstmann Tanne alarmiert die Polizei. Er ist
umsichtig und hält sich vom Fundort fern, um keine Spuren zu vernichten. Die Morduntersuchungskommission
des Bezirkskriminalamtes Frankfurt (Oder) (ehemals Bezirksbehörde der Volkspolizei, BdVP) ist kurze Zeit später vor Ort. Nahezu zeitgleich trifft der Notarzt ein.

Die Tote zwischen den beiden Bäumen liegt auf dem
Rücken, die Beine sind ausgestreckt und V-förmig ge-
spreizt. Die Arme sind hinter dem Kopf abgelegt. Auf
dem Oberkörper der Toten liegen eine hellblaue, ausge-
waschene Jacke, wie sie jetzt modern ist, sowie ein rotes
Polo-Shirt. Das Unterhemd ist bis über die Brüste hoch-
geschoben und voller Blut. Der Reißverschluss der Jeanshose ist geöffnet, darunter ist der Slip zu erkennen. Der ist
im Genitalbereich feucht. Hose und die Sportschuhe der
Marke »Puma« sind wie das Unterhemd blutverschmiert.
In der linken Jackentasche finden die Kriminaltechniker
ein Markstück der DDR. Es ist durchbohrt, durch das
Loch ist ein Zwirnfaden gefädelt.

Dass es sich um ein Tötungsverbrechen handelt, daran
zweifelt schon nach den ersten Beobachtungen am Tatort
niemand. Die Obduktionsergebnisse mit grauenhaften
Details, die am nächsten Tag vorliegen, sprechen eine eindeutige Sprache. Der oder die Täter haben ein regelrech-

tes Blutbad angerichtet. 33 Mal haben sie auf das Opfer eingestochen. Als Tatwerkzeug wird ein Taschenmesser vermutet mit einer etwa sechs Zentimeter langen und einen Zentimeter breiten Klinge. Die Stiche erfolgten überwiegend im linken Brust- und Bauchbereich. Stichverletzungen stellen die Gerichtsmediziner aber auch in der Lendenregion, im Rücken, an beiden Beinen, am linken Arm, am Hals und im Gesicht fest. Neben den Wunden durch die Messerstiche deuten zahlreiche Verletzungen am Kopf darauf hin, dass der oder die Täter massiv mit einem stumpfen Gegenstand auf das Opfer eingeschlagen und es mit den Füßen getreten haben. Unterblutungen beweisen, dass alle Verletzungen dem Opfer zu Lebzeiten zugefügt wurden. Bei der Untersuchung der inneren Organe finden die Rechtsmediziner Rückstände von bleifreiem Benzin. Offensichtlich wurde die junge Frau mit Kraftstoff übergossen, als sie noch lebte. Beim Todeszeitpunkt legen sich die Obduzenten nicht fest. Das Opfer muss irgendwann in der Nacht von Samstag, den 16. Juni, zu Sonntag, den 17. Juni 1990, spätestens aber am Sonntag bis 15 Uhr gestorben sein. Wahrscheinlich ist, dass es am Sonntagmorgen noch gelebt hat. Die Stiche in den Brustkorb als auch die Gewalteinwirkung auf Kopf und Hals haben das Leben der schlanken, sportlichen jungen Frau mit den blonden Haaren ausgelöscht.

Tagelang durchsuchen 150 Bereitschaftspolizisten aus Eisenhüttenstadt die Kiefernschonung. Alles, was irgendwie mit dem Verbrechen zu tun haben könnte, wird gesichert. In unmittelbarer Nähe der Leiche wird eine aufgewühlte Stelle entdeckt. Dort finden sich drei abgebrochene Holzstücke, die offensichtlich zu einem Ast von etwa einem Meter Länge gehören. An den Holzstücken kleben Blut und Haare. In einer Entfernung von 120 Metern stoßen die Polizisten auf eine zweite Stelle, die gleichermaßen aufgewühlt ist und auf einen Kampf hindeutet. Dort finden die Kriminaltechniker verknotete Riemen, an denen helle Haare haften, die von der Toten stammen, wie die Untersuchungen später ergeben. An einem Baum am Rande der Wühlstelle haben sich in unterschiedlichen Höhen ebenfalls helle Haare in der Rinde verfangen. Offensichtlich war das Opfer mit den Riemen, die von seinem Rucksack stammen könnten, an dem Baum gefesselt. Der Rucksack allerdings fehlt. Fußspuren in der Nähe der Wühlstelle deuten darauf hin, dass sich das Opfer möglicherweise befreien und flüchten konnte. Getötet wurde sie an der Wühlstelle in unmittelbarer Nähe des Fundortes. Da sind sich die Ermittler ziemlich sicher. So jedenfalls lassen sich Schleifspuren deuten, die von dort in die Kiefernschonung führen.

Wer ist die Tote?

Trotz intensiver Suche gibt es keine Hinweise auf ihre Identität. Lediglich die durchbohrte Eine-Mark-Münze der DDR und ein Schlüsselbundanhänger mit einem Fisch-Sternzeichen sind vage Anhaltspunkte.

Im Bereich des Bezirkskriminalamtes Frankfurt (Oder) werden die Vermisstenmeldungen der zurückliegenden Tage überprüft. In keinem Fall trifft die Personenbeschreibung auch nur annähernd auf die Tote zu. Kriminalhauptkommissar Richard Bauer, der das 1. Kommissariat, wie die MUK inzwischen heißt, in Frankfurt (Oder) leitet, lässt in den umliegenden Polizeidienststellen nachfragen. In Berlin landet er einen Treffer. Dort wird seit dem 16. Juni 1990 die 24-jährige Anita Förster als »abgängig« geführt. Die Personenbeschreibung, die der Polizei vorliegt, könnte zutreffen. Sieben Tage nach ihrem Verschwinden identifiziert die Mutter das Opfer als ihre jüngste Tochter Anita Förster.

Die Polizei informiert die Öffentlichkeit über das schreckliche Verbrechen. Bienenzüchter Gustav Süss meldet sich bei der Kripo. Er hat am Rand der Kiefernschonung, in der die Tote gefunden wurde, Bienenkörbe aufgestellt.

Am Sonntag, dem 17. Juni, war er morgens gegen neun Uhr mit seinem Wartburg 353 unterwegs, um sich vom Fleiß und dem Wohlbefinden seiner Bienen zu überzeugen. »Beim Befahren des Waldes habe ich an der Weggabelung in der Kiefernschonung einen dunkelfarbigen Pkw gesehen. Es muss ein Westauto gewesen sein. Ich kenne mich da ja nicht so gut aus«, berichtet der 78-Jährige der Polizei. »Die Fahrertür war offen. Daneben stand ein Mann. Ich habe ihn genau gesehen.«

In der Tat kann Bienenzüchter Süss den Unbekannten recht gut beschreiben, an dem er langsam vorbeifuhr. »Der war etwa 1,70 Meter groß, hatte dunkle Haare und etwas dunkles, wahrscheinlich einen Anzug, an. Der Mann hat mich aber nicht beachtet.« Nach den Angaben des Bienenzüchters wird ein Phantombild erstellt. Die Kripo hat eine erste vage Spur.

Ein 16-jähriger Schüler hat ebenfalls Merkwürdiges zu berichten. »Ich war am Samstag in der Diskothek in

Reudnitz und bin gegen 23.30 Uhr mit meinem Moped auf der F 246 nach Hause gefahren. Etwa 300 Meter hinter der Ortschaft Krügersdorf habe ich ein Auto bemerkt. Ich bin höchstens 50 Stundenkilometer gefahren. Viel schneller geht es ja mit einem Moped nicht. Trotzdem hat mich der Autofahrer nicht überholt. Das Auto blieb immer im gleichen Abstand hinter mir. Das ging eine Weile so. Kurz hinter Schneeberg muss der Autofahrer dann rechts in den Feldweg gefahren sein. Ab dort habe ich ihn jedenfalls nicht mehr gesehen. Um 23.48 Uhr war ich zu Hause. Das weiß ich genau, weil ich Mutti immer sagen muss, wann ich wieder daheim war.« Die Stelle, die der Schüler den Kriminalisten vor Ort zeigt, ist der Feld- und Waldweg Richtung Tatort.

Ausgangspunkt für die Ermittlungen der MUK ist das St. Hedwig-Krankenhaus in Berlin-Mitte. Die Kripo kann ziemlich präzise rekapitulieren, was in den Abendstunden des 16. Juni geschehen ist.

Kurz vor Schichtende besucht Arbeitskollege Michael Grau Krankenschwester Anita, in die er schwer verliebt ist. »Wollen wir nach Feierabend noch etwas unternehmen?« Anita Förster gibt ihm einen Korb. »Lass mal, Michael. Ich fahre gleich nach Feierabend noch zum Ostbahnhof. Dort will ich vom Postamt aus mit einem Bekannten in Morteau in Frankreich telefonieren. Wenn es nicht klappt, muss ich mir einen anderen Münzapparat suchen.« Michael ist wie immer hilfsbereit. Er präpariert eine Mark-Münze der DDR, schlägt ein Loch in das Geldstück und fädelt einen Zwirnfaden durch die Öse. Damit lässt sich die Mark wieder aus dem Geldschlitz herausfummeln. Ein Auslandsgespräch, noch dazu in der DDR, ist teuer. Pünktlich um 22 Uhr verlässt Anita Förster die Krankenstation, geht auf den Hof, holt ihr Fahrrad aus dem Ständer vor ihrem Stationsgebäude und radelt Richtung Ausgang. Der Pförtner kann sich gut an den Abend erinnern. »Schwester Anita kam mit ihrem Fahrrad in Richtung Pförtnerloge. Mir gegenüber hat sie das Rad abgestellt und ist auf die Straße gegangen. Dort hat sie sich mit jemandem unterhalten, wahrscheinlich mit einem Autofahrer, und hat ihn gefragt, ob er sie auch mit dem Fahrrad mitnehmen kann. Das Gespräch hat nicht lange gedauert, vielleicht eine Minute. Dann klappte eine Tür zu, und ein Auto ist weggefahren. Gleich danach kam Schwester Anita zurück, hat ihr Fahrrad genommen und das Krankenhaus verlassen.«

Die Polizei befragt alle 120 Krankenschwestern, die im St. Hedwig-Krankenhaus arbeiten. Die Ergebnisse sind dürftig. Eine der Schwestern berichtet, dass sie oft von ihrem Ehemann abgeholt wird. Auch am 16. Juni war das der Fall. Der Ehemann erinnert sich noch gut an diesen Tag. »An dem Abend habe ich ab kurz vor zehn Uhr auf meine Frau gewartet. Vor dem Eingang stand ein weißer Pkw. Den habe ich schon öfter gesehen. Diesmal war noch ein Motorradfahrer dabei. Ich glaube, der hatte ein Westkennzeichen. Die Männer haben sich mit mehreren Frauen unterhalten, die von der Schicht kamen. Ich habe gesehen, dass eine Frau in das weiße Auto gestiegen ist, es war wahrscheinlich ein Opel, eine zweite Frau ist mit dem Motorradfahrer weg. Ein paar Minuten später ist Anita Förster, die ich kenne, mit dem Fahrrad an mir vorbeigefahren.«

Von den beiden Männern, die Frauen angeblich zu einer Party einladen wollten, entstehen nach den Angaben des Zeugen zwei Phantombilder.

Anita Förster ist, davon gehen die Mordermittler aus, nach Dienstschluss mit großer Sicherheit zum Ostbahnhof gefahren, der im offiziellen Sprachgebrauch zwar Hauptbahnhof heißt, weil es in der DDR-Hauptstadt keinen Westbahnhof geben darf, die Berliner juckt das aber nicht. Für sie ist und bleibt es der Ostbahnhof.

Vom Bahnhofspostamt kann sie nicht telefoniert haben. Die Post hatte just an diesem Wochenende geschlossen. Anita Förster muss sich einen anderen Münzfernsprecher gesucht haben. Dort hat sie wahrscheinlich ihren oder ihre Mörder getroffen. Zu Hause in der Kremmener Straße ist sie jedenfalls nach Dienstschluss am 16. Juni von Hausbewohnern nicht mehr gesehen worden.

Rätselhaft bleibt das Verschwinden zweier, für die begeisterte Radfahrerin unabdingbarer Gegenstände: ihr Herrensportrad der Marke »Mifa Diamant« und der rote Rucksack mit den schwarzen Lederriemen. Die Polizei klappert auf der Suche nach dem Fahrrad alle An- und Verkaufseinrichtungen in Berlin und der Umgebung ab, die in der DDR wegen der preiswerten Gebrauchtwaren sehr beliebt sind. Sogar die Rahmennummer 1132731 des Gefährts ist bekannt. Alle befragten Händler versichern, dass sie das Rennrad nie gesehen haben.

Als mögliche Täter rücken Verwandte und Freunde von Anita Förster ins Visier der Ermittler. Vor allem Michael Grau und Lars Jürgens werden vielmals befragt. Auch der Fahrer eines weißen Autos, der des Öfteren vor dem

St. Hedwig-Krankenhaus gesehen worden war, muss sich viele Male den Fragen der Kriminalisten stellen. Ermittelt wird der Freund in Frankreich. Einen Telefonanruf von Anita Förster, so versichert er, hat er nie erhalten.

Dank der umfangreichen Informationen durch die Medien erhält die Kripo eine Vielzahl von Hinweisen. Eine heiße Spur ergibt sich daraus nicht. Auch die 5.000 Mark Belohnung, die für die Ergreifung der Täter ausgesetzt sind, helfen nicht weiter. Inzwischen ist die Polizei angesichts der Spurenlage am Tatort davon überzeugt, dass zwei Männer für das Verschwinden von Anita Förster und für ihren Tod verantwortlich sind.

Die Überlegungen der Kriminalisten gehen von schrecklichen Vorgängen im Wald bei Beeskow aus. Ihre These: Die beiden Männer, die wahrscheinlich aus Westberlin stammen, haben Anita Förster auf dem Weg zum Ostbahnhof oder auf der Suche nach einem anderen Telefon überredet, zu ihnen ins Auto zu steigen, und sie entführt. In dem Wald bei Beeskow haben sie die junge Frau an einen Baum gefesselt und geschlagen, um sie für ihr Vorhaben, am Morgen ein Sex-Video mit ihr zu drehen, gefügig zu machen. Das Auftauchen von Bienenzüchter Süss wird sie dabei gestört haben. Anita Förster hat das zur Flucht genutzt, die jedoch vereitelt wird. An der Wühlstelle in der Nähe des Fundorts hätten die Täter das Opfer wieder gestellt, ermordet und es mit Benzin übergossen. Zum Anzünden sind sie nicht mehr gekommen.

Es ist eine These.

Knapp zwei Jahre später wendet sich die Kripo in Frankfurt (Oder) über die Fernsehsendung »Aktenzeichen XY … ungelöst« bundesweit an die Öffentlichkeit und bittet um Mithilfe der Bevölkerung bei der Aufklärung des Verbrechens. Sie hofft vor allem auf Hinweise, die zu dem verschwundenen Fahrrad und dem Rucksack führen. Neben anderen Zuschauern der Sendung über ungelöste Kriminalfälle meldet sich eine anonyme Anruferin, die Anita Förster am 16. Juni gegen 23.45 Uhr am Hauptbahnhof (Ostbahnhof) in Begleitung von zwei Polen gesehen haben will. Die hätten ihr angeboten, für eine Fotomodell-Agentur zu arbeiten. Die Kripo nimmt den Hinweis ernst, kann ihn aber aufgrund der Anonymität der Anruferin nicht überprüfen. Auch diese Information führt in die Sackgasse.

Ende des Jahres 1992 wird das Ermittlungsverfahren zum Tod von Anita Förster vorläufig eingestellt. Obwohl über 500 Personen befragt und mehr als 60 von ihnen mehrfach vernommen wurden, fand die Kripo keine Hinweise, die zu den Tätern führten. Die Mutter wird davon in Kenntnis gesetzt. Sie kann nicht begreifen, dass die Schuldigen am Tod ihrer Tochter ungestraft davonkommen sollen. Die am Tatort sichergestellten Asservate wie Kleidung, Haare und Blutproben werden beim Landeskriminalamt aufbewahrt. Zwar gehen auch in den folgenden Jahren immer mal wieder Hinweise zu dem Fall ein, neue Erkenntnisse ergeben sich daraus nicht. Die Mörder bleiben Phantome, die in den Akten abgelegt sind als Phantombilder.

April 1993, Friedland (Landkreis Mecklenburgische Seenplatte). Am 28. April 1993 entdecken zwei Einwohner der Kleinstadt auf einer wilden Müllkippe an einem

Torfstich die Überreste einer verkohlten Leiche. Ein Sachverständiger für Rechtsmedizin der Universität Greifswald kann die Todesursache nicht mehr feststellen. Sicher ist, dass es sich um eine Frauenleiche handelt. Aufgrund von Vermisstenmeldungen könnte es sich um die neunzehn Jahre alte Michaela Rudys aus Schwedt handeln. Die wurde zuletzt am 22. April 1993 zusammen mit dem Geschäftsmann Ludwig Tuchmacher gesehen, der Läden für An- und Verkauf betreibt. Anhand des Zahnstatus kann Michaela Rudys zweifelsfrei identifiziert werden. Die beiden kennen sich aus der Ehe von Tuchmacher mit Irina, seiner ersten, inzwischen von ihm geschiedenen Ehefrau. Michaela Rudys ist mit dem Cousin der Ex-Gattin von Tuchmacher, der bei ihm im Geschäft arbeitet, verlobt. Als das Verschwinden Rudys bekannt wird, beteiligt sich Tuchmacher aktiv an der Suche nach der 19-Jährigen. Sie sei an diesem Tag bei ihm in der Wohnung gewesen, um ihm bei der Einrichtung seines Computers zu helfen, berichtet er den Eltern des Mädchens. Am Abend sei sie dann gegangen. Sie wollte zu ihrem Verlobten. Einen Tag später will Tuchmacher sie auf dem Beifahrersitz eines Fahrzeugs mit holländischem Kennzeichen gesehen haben. Er fährt mit seinem Auto kreuz und quer durch Schwedt, um den holländischen Autobesitzer zu stellen.

Das Ablenkungsmanöver funktioniert nur ein paar Tage. Nach Zeugenaussagen hat Michaela Rudys zwar gemeinsam mit Tuchmacher dessen Wohnung betreten, doch danach wurde sie nicht mehr gesehen. Zudem verstrickt sich der 28-Jährige bei Vernehmungen in Widersprüche und wird unter dringendem Tatverdacht am 12. Mai 1993 in Untersuchungshaft genommen. Im September 1993 weist das Amtsgericht Schwedt den Tatverdächtigen in die psychiatrische Landesklinik Brandenburg ein. Eine Gutachterin hat bei Tuchmacher eine cerebrale Schädigung festgestellt. Diese Hirnkrankheit, so die Fachärztin für Psychiatrie, geht einher mit einer intellektuellen Minderbegabung, verminderter Belastbarkeit, inneren Spannungen, fehlender Fähigkeit, negative Erlebnisse zu verarbeiten, und, und, und.

Obwohl Michaela Rudys verlobt ist, will sich Tuchmacher seit Februar 1993 mehrfach mit ihr heimlich getroffen und Geschlechtsverkehr mit ihr gehabt haben. Das Zusammentreffen am 22. April am Bahnhof in Schwedt ist aber zufällig. Tuchmacher hat einen Computer aus der Reparatur geholt, als ihm Michaela über den Weg läuft. Er bittet sie, ihm bei der Einrichtung des Rechners und bei Schreibarbeiten zu helfen. Michaela willigt ein, auch in den Vorschlag des Mannes, über Nacht bei ihm zu bleiben. Nach kurzer Zeit kommt es zum Streit. Tuchmacher fordert sie auf, die Verlobung mit ihrem Freund zu lösen, weil er ein festes Verhältnis mit ihr will und sie heiraten möchte. Obwohl Michaela ablehnt, ebbt der Streit langsam ab, und beide landen zur Versöhnung im Bett. In dem beweist Tuchmacher mehrmals in der Nacht seine Manneskraft.

Beide sind nach dem mehrfachen Akt so erschöpft, dass sie am nächsten Morgen verschlafen. Tuchmacher muss das geahnt haben, denn schon am Vortag hat er sich bei den Angestellten in seinem Gebrauchtwarenladen abgemeldet unter dem Vorwand, Geschäftliches in Berlin erledigen zu müssen und wohl erst gegen Mittag zurück zu sein. Da es für die Berufsschülerin Michaela zu spät ist für die Schule, verbringen die beiden den Vormittag in intimer Zweisamkeit im Bett. Aneinandergekuschelt, schwärmt der 28-jährige Tuchmacher erneut von einer gemeinsamen Zukunft. Michaela, die zehn Jahre jünger ist als er, lehnt es wiederum ab. Mehr noch, sie kündigt an, ihrem Verlobten den intimen Fehltritt zu beichten. Sich seinen Wünschen nicht zu fügen, das kann der Mann mit dem großen Herz für junge Frauen nicht akzeptieren. »Ich habe schwarz gesehen«, beschreibt er bei einer polizeilichen Vernehmung und später vor Gericht seine nachfolgenden emotionalen Ausraster. Wut, Enttäuschung und Verzweiflung über seine unbefriedigende Lebenssituation und erneut gescheiterte Zukunftspläne gewinnen die Oberhand. Inzwischen war nämlich auch seine zweite Ehe in die Brüche gegangen.

»Wenn du nicht mit mir leben willst, dann sollst du gar nicht leben.« Mit diesen Worten drückt er der völlig überraschten Geliebten neben sich ein Kopfkissen auf das Gesicht und umklammert den Körper unter sich fest mit seinen Armen. Verzweifelt versucht Michaela Rudys, sich zu befreien und strampelt heftig mit den Beinen. Allmählich lässt der Widerstand nach. Fünf Minuten später ist das Opfer erstickt.

Ludwig Tuchmacher bleibt eine gute Stunde in der Wohnung und fährt dann ins Geschäft. Die ganze Zeit über beschäftigt ihn eine einzige Frage: »Was nun?« Wieder daheim und beim Anblick der Toten in seinem Bett, gibt er sich selbst die Antwort. »Die Leiche muss weg!« Er holt eine rot umwickelte Plastik-Wäscheleine mit Draht-kern aus dem Badezimmer und fixiert damit Arme und Beine. Die Extremitäten sollen ihn beim Transport des Leichnams nicht behindern. Danach schnürt er die Tote zusammen wie ein Paket, wickelt sie in einen alten Vor-hang und anschließend in einen Rest blaugrauer Ausleg-ware. Abschließend wird das Paket mit einer weiteren Wäscheleine zusammengezurrt. Danach fährt Tuchma-cher noch einmal in den Betrieb und stellt, als wäre nichts passiert, die Tagesabrechnung zusammen. Als nachts die Straße vor seinem Haus menschenleer ist, schnappt er sich das Leichenbündel und verstaut es in sein Auto, das direkt vor dem Eingang steht.

Ziellos fährt Tuchmacher in Richtung Prenzlau und Anklam. Er sucht nach einem Ort, an dem er die Tote verstecken kann, und findet ihn in der wilden Müllkippe an der Torfgrube in der Nähe von Friedland. Tuchma-cher legt den verschnürten Leichnam in eine ausrangier-te Treppe, die wie eine Wanne anmutet, sammelt umher-liegende Holzstücke zusammen und stapelt sie über die Tote. In der Morgendämmerung fährt ein von Pferden gezogener Planwagen auf dem Plattenweg vorbei. Um nicht aufzufallen, sammelt Tuchmacher weiteres Holz zusammen und verstaut es wie ein Brennholzsammler im Kofferraum.

Längst ist es darüber Tag geworden. Der Mörder fährt nach Gramzow in seinen Gebrauchtwarenladen, wo er gegen Mittag eintrifft. Die Unruhe lässt ihn nicht los. Es treibt ihn am Nachmittag zurück an die Müllkippe bei Friedland. Falls die Leiche noch nicht entdeckt ist, will er sie endgültig beseitigen. Als er eintrifft, ist alles noch so, wie er es am Morgen verlassen hat. Der Täter schüttet aus zwei Zehn-Liter-Kanistern Benzin über den Holzstapel mit der Toten darunter und zündet ihn an. Flammen schlagen hoch. Die Kanister lässt er achtlos liegen.

Trotz seiner erst achtundzwanzig Jahre hat Ludwig Tuchmacher bereits ein bewegtes Leben hinter sich. Er wächst als Einzelkind auf. Seinen wahren Vater hat er nie kennengelernt. Gezeugt wurde er während eines Urlaubs seiner Mutter in Ungarn. Gleich nach seiner Geburt heiratet seine Mutter, der Stiefvater nimmt ihn als sein Kind an. Der Junge erfährt davon erst sehr viel später. Nach fünf Jahren zerbricht die Ehe. Ludwig bleibt bei der Mutter. Die arbeitet in Schichten und gibt ihn in die Wochenkrippe. Nach der Einschulung ist der Junge auf sich gestellt. Er lebt in Wohnheimen und ist nur an den Wochenenden zu Hause. Ludwig fühlt sich nicht wohl und quengelt so lange, bis er zu seinem Vater darf. Die erhoffte Liebe, Geborgenheit und Aufmerksamkeit erfährt er auch bei ihm nicht. Er fühlt sich mit Geschenken abgespeist und ansonsten sich selbst überlassen. Ludwig wird zum Schulschwänzer und deshalb von der staatlichen Jugendfürsorge in ein Kinderheim eingewiesen. Als die Mutter wieder heiratet, wird er in die neue Familie aufgenommen. Zuwendung bekommt er wieder nicht. Der neue Stiefvater ist häufig betrunken. Ludwig nimmt Reißaus vor dem ständigen Zank und Streit und landet erneut in Kinderheimen, zunächst in Frankfurt (Oder), dann in Leipzig.

Nach der neunten Klasse schmeißt er die Schule hin.

Mit dem Abschluss der achten Klasse wird er als Teilfacharbeiter zum Schlosser und Spulenwickler ausgebildet. In dieser Zeit lernt er seine Frau Irina kennen. Das erste Kind, ein Junge, ist schon unterwegs, als sie heiraten. Er ist neunzehn Jahre jung, sie gerade achtzehn. Danach werden im Jahrestakt zwei Töchter geboren. Die Ehe scheitert schon im dritten Jahr. Tuchmacher hält es auf keiner Arbeitsstelle lange aus. Das Geld in der Familie ist knapp. Schlimmer aber als seine Unstetigkeit sind seine Gewaltausbrüche. Er schlägt seinen Sohn und zwingt seine Ehefrau zum Geschlechtsverkehr, den er fast täglich von ihr verlangt, und wendet Sexpraktiken an, die sie anwidern.

Zwei Jahre später ist der junge Mann des Alleinseins müde. Über eine Zeitungsanzeige lernt er Silke kennen, ein halbes Jahr später läuten die Hochzeitsglocken. Die Schwiegereltern sind mit der Wahl ihrer Tochter nicht glücklich. Sie mischen sich nach Ansicht von Ludwig zu oft in die Belange der Eheleute ein. Silke stört dagegen der Jähzorn des Gatten. Bereits nach einem halben Jahr trennt sich das Paar. Tuchmacher flüchtet über Ungarn in die BRD und arbeitet in einer Kunststofffabrik in der Oberpfalz. Nach der Maueröffnung folgt die Ehefrau, angezogen von der Prahlerei über das schöne Leben im Westen, ihrem Mann. Die Versöhnung, auf die sie hofft, wird zum Desaster.

Tuchmacher kehrt sofort nach dem Mauerfall in den Osten zurück und versucht sich in mehreren Städten mit diversen Versicherungs-, Transport- und Dienstleistungsgeschäften und handelt mit Gebrauchtwaren. Er will schnell reich werden. Das Gegenteil ist der Fall. Er ist ein schlechter Kaufmann. Die Schulden sind enorm, summieren sich auf eine sechsstellige Summe.

Und immer wieder fällt er durch Gewaltausbrüche auf.

Im April 1990 spricht er an einer Bushalttestelle in Berlin zwei junge Frauen an und nimmt sie als Tramperinnen mit. Statt sie an ihrem Zielort Müggelheim abzusetzen, zwingt er sie in einem Waldstück zum Sex. Tuchmacher spricht bei seiner Vernehmung durch die Polizei von einvernehmlichem Geschlechtsverkehr. Danach hätten die beiden Frauen Geld von ihm verlangt. Weil er nicht für die Liebesdienste bezahlt hat, hätten die beiden Damen ihn angezeigt.

Die Staatsanwaltschaft Berlin stellt das Ermittlungsverfahren wegen Vergewaltigung ein.

Im Fall der getöteten Michaela Rudys gibt es dagegen genug Beweise für eine Anklage durch die Staatsanwaltschaft Frankfurt (Oder). Der Prozess findet an fünf Verhandlungstagen im März und April 1994 am Landgericht Frankfurt (Oder) statt. Die Richter verurteilen Ludwig Tuchmacher wegen Totschlags an Michaela Rudys zu einer Freiheitsstrafe von acht Jahren und ordnen aufgrund seiner Hirnschädigung die Unterbringung in einem psychiatrischen Krankenhaus an. Einen Mord aus niedrigen Beweggründen mochte das Gericht »nicht mit hinreichender Sicherheit« feststellen, weil die Tat nicht allein aus Wut und Eifersucht, sondern auch aus Verzweiflung und Hilflosigkeit im Hinblick auf seine Lebenssituation begangen wurde.

Nach seiner Verurteilung weist Tuchmacher jede

Schuld am Tod von Michaela Rudys von sich. Ihr Verlobter, so behauptet er, hat sie am Tattag in flagranti ertappt, ihn mit einer Pistole bedroht, Michaela getötet und ist danach sofort geflüchtet. Aus Angst will er die Leiche beseitigt haben.

Die Therapie im psychiatrischen Krankenhaus muss überraschend schnell gewirkt haben, denn schon nach wenigen Wochen kann Tuchmacher tagsüber den Maßregelvollzug verlassen. Er betreibt weiter seine Geschäfte und setzt Strohmänner als Geschäftsführer ein, um für seine Schulden nicht geradestehen zu müssen. Während dieser Zeit als Freigänger im Maßregelvollzug soll er ein sechzehn Jahre altes Mädchen, das bei ihm beschäftigt ist, mehrfach unter Androhung von Gewalt aufgefordert haben, sich vor ihm zu entkleiden, und ihr dafür 400 Mark Belohnung in Aussicht gestellt haben. Das Mädchen tut ihm den Gefallen nicht. Oft legt er die Arbeitszeiten so, dass er mit der Jugendlichen allein ist, und versucht, sie an intimen Stellen zu berühren. Seine Erklärung bei einer Vernehmung: »Ich wollte nur ihre Loyalität testen.«

Im November 2000 wird Tuchmacher auf Anordnung des Landgerichts Potsdam aus dem Maßregelvollzug entlassen. Dort sei er aufgrund eines fehlerhaften Gutachtens zu Unrecht eingewiesen worden, begründen die Richter ihre Entscheidung. Tuchmacher habe nie an einer Hirnkrankheit gelitten, hätten genauere medizinische Untersuchungen ergeben. Die im Maßregelvollzug verbrachte Zeit wird ihm als verbüßte Haftstrafe angerechnet. Tuchmacher wird im März 2002 auf Bewährung aus dem Gefängnis entlassen. Ein Gutachter bescheinigt ihm eine günstige Kriminalitätsprognose. Seine Zukunftsvorstellungen sind realistisch, heißt es zur Begründung. Er habe inzwischen seine ursprüngliche Vorstellung, eine Firma zu gründen, um schnell reich zu werden, abgelegt und eingesehen, dass diese Idee aufgrund der erheblichen Schulden nicht realisierbar sein wird. Der Verurteilte sei gewillt, zu arbeiten, seine Schulden zu regulieren und nach und nach abzuzahlen, ist sich der psychiatrische Sachverständige sicher.

Bereits während der Haft, im Sommer 2000, lernt Ludwig Tuchmacher mit Lena seine spätere dritte Ehefrau kennen. Er eröffnet nach der Haftentlassung einen Hausdienstservice, den er zunächst gemeinsam mit seiner Ehefrau betreibt. Aufgrund wirtschaftlicher Schwierigkeiten lässt er die Firma später auf die Gattin umschreiben. Lena Tuchmacher hat das Unternehmen inzwischen abgemeldet.

6. November 2002, *Märkische Oderzeitung* (MOZ), Frankfurt (Oder). Die Zeitung veröffentlicht unter der Überschrift »Mann gesteht Mord nach 19 Jahren« folgende Meldung:

Münster (dpa). Nach 19 Jahren hat der mutmaßliche Sexualmörder der Industriellen-Tochter Karen Oehme gestern vor dem Landgericht Münster die Tat gestanden. Der vorbestrafte Fernsehtechniker (44) hat die damals 25-jährige Tochter des ehemaligen Vorstandsvorsitzenden von ESSO Deutschland, Wolfgang Oehme, im Juli 1983 im westfälischen Dülmen erwürgt und vergewaltigt, so die Staatsanwaltschaft. Nach seiner Festnahme hatte er die Tat zunächst bestritten. Die Ermittler waren dem ein-

schlägig Vorbestraften auf Grund neuer Verfahren bei der DNA-Analyse auf die Spur gekommen.

Als Regina Förster, die Mutter der 1990 ermordeten Anita Förster, diese Meldung liest, ist sie wie elektrisiert. Der Mord an ihrer Tochter im Juni 1990 ist noch immer nicht aufgeklärt. Die Angst, dass der Mörder weiter frei herumläuft, hat sie all die Jahre nie losgelassen. Die Verzweiflung, dass der sinnlose Tod ihres Kindes vielleicht nie gesühnt werden wird, ist ihr ständiger Begleiter. Fünf Tage nach der Zeitungsnotiz schickt sie einen Brief an das Polizeipräsidium Frankfurt (Oder). Sie verweist auf die Nachricht in der MOZ vom 6. November 2002 und schreibt:

Am 17.06.1990 wurde meine Tochter … in Schneeberg, Krs. Beeskow, Jagen 21/B1 tot aufgefunden.

Die Ermittlungen der Frankfurter Kriminalpolizei waren erfolglos und wurden zum Jahresende 1992 abgeschlossen. Ich, als Mutter, kann mich nach all den Jahren nicht damit abfinden, und deshalb möchte ich das Geschehen nochmals in Erinnerung bringen. Immer noch hoffe ich auf eine Aufklärung, durch einen Zufall oder durch neue Nachforschungen. Nach der neuesten Methode der DNA-Analyse könnte es vielleicht möglich sein, dem Täter auf die Spur zu kommen …

Um Verständnis bittend und dennoch hoffend grüßt Sie … (Unterschrift).

Die Mordermittler des 1. Kommissariats des Polizeipräsidiums und die Staatsanwaltschaft Frankfurt (Oder) folgen der Bitte von Regina Förster und kramen die Akten über den Mordfall aus dem Archiv. Das Amtsgericht Fürstenwalde gibt auf Antrag der Staatsanwaltschaft »grünes Licht« für die molekulargenetische Untersuchung der damals gesicherten biologischen Spuren. Beamte des 1. Kommissariats des Frankfurter Polizeipräsidiums, des Landeskriminalamtes Brandenburg und die Obduzentin, die damals die Leichenschau durchgeführt hatte, setzen sich zusammen und kommen zu dem Schluss, dass für den Mord durchaus auch ein Alleintäter in Frage kommen könnte. Bei den ersten Ermittlungen waren die Kriminalisten von zwei Tätern ausgegangen. Einig sind sich die Experten, dass es vor dem Geschehen im Wald bei Beeskow einen Kontakt zwischen Täter und Opfer gegeben haben dürfte und dass die Verweigerung von Geschlechtsverkehr durch Anita Förster Motiv für das Tötungsverbrechen war.

11. August 2004, Polizeipräsidium Frankfurt (Oder). In den Diensträumen des 1. Kommissariats springt das Faxgerät an. Absender ist das Landeskriminalamt Brandenburg. Der Inhalt des Schreibens ist brisant. Bei der molekulargenetischen Untersuchung ist es gelungen, am Slip des Opfers Sperma-Spuren sichtbar zu machen und zu analysieren. Der Abgleich mit der DNA-Datenbank beim Bundeskriminalamt, in der genetische Codes von verurteilten Gewaltverbrechern gespeichert sind, führte zum Erfolg. Danach stammt das Sperma von einem Ludwig Tuchmacher, dem Totschläger von Michaela Rudys.

Dienstag, 24. August 2004, Rathenow. Ludwig Tuchmacher verlässt gegen 5.30 Uhr das Haus. Auf dem Weg zu seiner Firma wird er von Beamten eines Sondereinsatzkommandos (SEK) festgenommen und zur nächstgelegenen Polizeiwache nach Rathenow gebracht. Dort erwarten ihn Kriminalisten des 1. Kommissariats des Polizeipräsidiums Frankfurt (Oder). Um 6.35 Uhr beginnt die Vernehmung.

»Herr Tuchmacher, Sie stehen im dringenden Tatverdacht, in den frühen Morgenstunden des 17. Juni 1990 an der Tötung der Berliner Krankenschwester Anita Förster beteiligt gewesen zu sein«, teilen ihm zwei Vernehmer den Grund seiner Verhaftung mit. Tuchmacher wird belehrt, dass er sich zu dem Vorwurf nicht äußern muss und sich jederzeit von einem Verteidiger seiner Wahl beraten lassen kann.

Tuchmacher bestreitet die Tat. Ihm werden Fotos von Anita Förster vorgelegt. »Ich kenne die Frau nicht«, ist sein einziger Kommentar.

Einer der Kommissare schiebt ihm ein anderes Bild über den Tisch. Es ist ein Leichenfoto des Opfers. »Vielleicht können Sie sich anhand dieses Bildes erinnern.«

Tuchmacher schüttelt den Kopf. »Das soll die Krankenschwester sein? Die kenne ich nicht. Vielleicht bin ich der mal im Krankenhaus über den Weg gelaufen, als meine Frau schwanger war. Die hat sich das Kind abnehmen lassen.«

»In welchem Krankenhaus war das?«

»In Berlin-Friedrichshain. Das war so 1990 oder 1991.«

Das Frage- und Antwortspiel zieht sich über Stunden hin. Zur Mittagszeit wird dem Beschuldigten ein Döner gereicht. Nach der Pause konfrontieren ihn die Vernehmer mit der DNA-Treffermeldung vom Landeskriminalamt. »Ich habe mit der Sache nichts zu tun. Sonst hätte ich das ja schon 1993 gesagt. Da gab es das mit der DNA-Feststellung ja bereits. Vielleicht habe ich die Frau mal in der Disco gesehen, und wir hatten unseren Spaß.«

So geht das bis 20 Uhr. Tuchmacher gibt im Verlauf der Verhöre freiwillig eine Speichelprobe ab. Dann wird die Vernehmung abgebrochen.

Am nächsten Morgen sitzen sich die Kriminalisten und der Tatverdächtige wieder gegenüber. Tuchmacher wird ein Fax vom LKA mit dem Untersuchungsergebnis der Speichelprobe vom Vortag zum Lesen gegeben. »Die DNA-Merkmalskombination zwischen der Sperma-Anhaftung am Slip der Geschädigten und der Person des Beschuldigten stimmen überein, und das mit einer Wahrscheinlichkeit von eins zu 753 Billionen«, steht auf dem Blatt Papier.

Tuchmacher liest sich die Mitteilung mehrmals durch. Er hat daran sichtlich schwer zu kauen. Nach einer langen Zeit des Nachdenkens gibt er zu: »Es gab da mal eine Sache, das war vermutlich 1991, wo ich ein Mädchen doll verletzt habe.«

Das Mädchen, so seine Version, hat er an einem Abend an einer Telefonzelle in der Greifswalder Straße, Höhe Hufelandstraße, getroffen. Er ist mit seinem weißen Toyota Corolla aus Müggelheim vom Zeltplatz seiner Schwiegereltern gekommen. Das Mädchen wollte im Ausland anrufen, hatte aber Schwierigkeiten mit der Vorwahl. Er hat ihr geholfen, danach sind sie gemeinsam in einer Gaststätte essen gewesen und anschließend in die Wohnung der Schwiegereltern gegangen, zu der er einen Schlüssel hatte. Dort hätten sie einvernehmlichen Sex gehabt.

Am nächsten Morgen seien sie dann mit seinem Auto weggefahren, wenn er sich richtig erinnere, Richtung Fürstenwalde. Irgendwann musste das Mädchen »pinkeln«, deshalb sei er in einen Feldweg eingebogen, bis eine Art Wendeschleife erreicht war. Bei dem schönen Wetter sei er auf den Gedanken gekommen, eine »Autonummer« zu schieben. Darüber kam es zum Streit. Das Mädchen habe ihn angeschrien, sei weggelaufen, und er habe sie verfolgt. Plötzlich habe er in ihrer Hand einen spitzen Gegenstand bemerkt, vielleicht ein Taschenmesser oder einen Schraubenzieher. Das wisse er nicht mehr genau. Tuchmacher will versucht haben, dem Mädchen den spitzen Gegenstand aus der Hand zu schlagen. Weil sie diesen weiter festhielt, habe er ihr das Ding aus der Hand gerissen und sie verletzt, als er damit rumfuchtelte. »Ich war sehr wütend auf sie«, gibt er bei der Vernehmung zu. »Ich bin ausgetickt, weil mich das Mädchen bedroht hat.« Er habe das Mädchen auch geschlagen. Das sei dann weggelaufen, hingefallen und liegen geblieben. Er habe nicht damit gerechnet, dass es an den Verletzungen stirbt.

Tuchmacher wird im Amtsgericht Rathenow dem Richter vorgeführt. Vor diesem wiederholt er diese Tatschilderung. Von der Vielzahl der Verletzungen und dass er das Opfer mit Benzin übergossen haben soll, zeigt er sich überrascht, als ihm die Begründung für den Haftbefehl vorgelesen wird.

Am darauffolgenden Tag in einer weiteren Vernehmung äußert er sich nur kurz. Die Sache mit dem Mädchen sei 1991 oder 1992 passiert, und zwar im Raum Bad Freienwalde. Vielleicht habe er die Krankenschwester mal auf der Disco gesehen und mit ihr einen »Quickie« gehabt. Nur so könne er sich das Sperma am Slip erklären. Danach schweigt Tuchmacher. Er verlangt einen Anwalt.

Anfang Oktober unternimmt die Kripo im Mordfall Anita Förster einen weiteren Versuch, zahlreiche Ungereimtheiten in seiner Aussage zu klären. Dabei teilt der Rechtsanwalt, der zugegen ist, mit, dass Tuchmacher gegenüber der Polizei keine Angaben mehr zur Sache und auch nicht zur Person machen wird.

Dabei gibt es dazu eine Menge zu sagen. Die Polizei befasst sich diesmal viel gründlicher mit der Persönlichkeit von Ludwig Tuchmacher, als das bei seiner ersten Verurteilung wegen der Tötung von Michaela Rudys im Jahr 1993 geschah. Den ersten, aktenmäßig belegten Kontakt mit der Polizei gab es demnach bereits Ende 1979. Er soll einen sexuellen Missbrauch begangen haben. Seine Mutter bezeichnet ihn bei Befragungen durch die Polizei als »Zuchtbullen« und »sexualverpirscht«. Ein Freund stellt fest, dass es Tuchmacher mit der »Weiberei« hat. In seinem Büro im An- und Verkauf in Bernau wollen ihn Zeugen einmal, nur mit einem Slip bekleidet, mit zwei minderjährigen Mädchen überrascht haben, die ebenfalls bis auf die Unterhöschen nackt waren. Seine beiden Ex-Frauen berichten von erzwungenem Geschlechtsverkehr und massiven Gewaltausbrüchen. Der ersten Ehefrau trat er während der Schwangerschaft in den Bauch. Während der Wehen vor der Geburt des dritten Kindes, das nach Aussage der Gattin während einer Vergewaltigung gezeugt wurde, sperrte er seine Frau in der Wohnung ein. Dort kam es zu gewaltsamen Auseinandersetzungen mit Personen, die zur Hilfe geeilt waren. Dabei benutzte Tuchmacher ein Messer und ein Beil. Gemeinsam mit der herbeigerufenen Polizei konnte er überwältigt werden. Die Ehefrau wurde umgehend ins Krankenhaus gebracht, wo sie gleich nach dem Eintreffen das Kind zur Welt brachte. Lena, seine dritte Gattin, dagegen sagt nur Gutes über ihn. Von Gewalt ist keine Rede. Die Handschellen, die bei der Hausdurchsuchung im Keller gefunden wurden, habe er nie benutzt.

Die Staatsanwaltschaft Frankfurt (Oder) klagt Ludwig Tuchmacher im Januar 2005 wegen Mordes gemäß Strafgesetzbuch der DDR an. Das war zur Tatzeit im Juni 1990 noch in Kraft. In der Anklageschrift wird die Feststellung der besonderen Schwere der Schuld gefordert. Nach umfangreichen Ermittlungen der Polizei stellt sich für die Staatsanwaltschaft der Tathergang anders dar, als der von Tuchmacher bei der Polizei und vor dem Haftrichter geschildert worden war. Sie hat nach umfangreichen Ermittlungen folgenden Tatablauf rekonstruiert:

Am 16. Juni 1990 gegen 22 Uhr fährt Ludwig Tuchmacher mit seinem weißen Pkw Toyota just in dem Moment am Eingang des St. Hedwig-Krankenhauses vor, als Anita Förster mit ihrem Fahrrad das Krankenhaus verlassen will. Er hofft auf Kundschaft für sich als »Schwarz-Taxi«. Solche »Schwarz-Taxis« sind in großen Städten in der DDR bei Fahrgästen begehrt, weil sie weitaus billiger sind als die der staatlichen Taxi-Betriebe. Hier kommt es zur ersten Kontaktaufnahme. Anita Förster fragt, ob er sie samt Rennrad zum Ostbahnhof fahren könnte, weil sie von dort nach Frankreich telefonieren möchte. Die

Staatsanwaltschaft bezieht sich dabei auf Aussagen des Pförtners, der genau diesen Satz gehört haben will. Als der Autofahrer ihr sagt, dass das nicht möglich ist, entschließt sie sich, zum Bahnhof zu radeln. Wegen des geschlossenen Postamtes fährt sie anschließend in Richtung Hufelandstraße/Ecke Greifswalder Straße. Sie weiß, dass es dort einen Münzfernsprecher für den internationalen Telefonverkehr gibt. Tuchmacher kommt zur gleichen Zeit von der Wohnung seiner Schwiegereltern. Dorthin ist vor Wochen seine Ehefrau Silke wegen seiner Gewaltausbrüche geflüchtet. Er will sie wieder einmal zurückholen. Einlass wird ihm nicht gewährt, weil er in der Vergangenheit schon mehrfach vor dem Haus randaliert und wüste Drohungen ausgestoßen hat. Einen Schlüssel zur Wohnung der Schwiegereltern hat er nicht. Das alles lässt ihn innerlich vor Wut kochen.

An der Telefonzelle sieht er Anita Förster. Er erinnert sich an das Gespräch vor dem Krankenhaus und bietet ihr seine Hilfe beim Verbindungsaufbau zum Bekannten in Frankreich an. Das Telefon streikt auch bei ihm. Tuchmacher schlägt vor, zum Flughafen Schönefeld zu fahren, um es von dort aus zu versuchen. Anita Förster schließt das Fahrrad am Fahrradständer neben der Telefonzelle an und steigt zu dem gutgekleideten Mann ins Auto ein, der kaum älter ist als sie selbst. Er scheint schon Familienvater zu sein, wie sie aus dem Kindersitz auf der Rückbank schlussfolgert.

Während der Fahrt wächst bei dem Mann der Zorn auf die Ehefrau und deren Eltern, aber auch sein Verlangen nach sexueller Befriedigung, die ihm seine Gattin nicht mehr gewährt. Die junge, sportliche Frau auf dem Beifahrersitz gefällt ihm. Seine sexuellen Annäherungsversuche lehnt diese jedoch strikt ab. Anita Förster ist für einen One-Night-Stand nicht zu haben. Verärgert über diese Abfuhr schlägt er dem Opfer mehrfach mit aller Wucht ins Gesicht. Blut schießt darauf hin aus Nase und Mund. Möglicherweise stammen die bei der Obduktion der Leiche im Jahr 1990 festgestellten Gesichtsverletzungen, dazu gehört auch ein gebrochener Kiefer, von diesen Schlägen. Mit dem eingeschüchterten, vielleicht zeitweise auch bewusstlosen Opfer fährt der Täter über Fürstenwalde in Richtung Schneeberg/Grunow unweit von Beeskow. Auf der Fernverkehrsstraße 246 bemerkt er einen Mopedfahrer, der mit 50 Stundenkilometern vor ihm herzockelt. Mit der verletzten Frau neben sich und weil er ein Auto mit westlichem Kennzeichen benutzt, das er nach seiner Rückkehr aus der Bundesrepublik nach Ostberlin nicht umgemeldet hat, unterlässt er ein Überholen. Ein solches Kennzeichen könnte in dieser ländlichen Umgebung auffallen. In Höhe des Jagens 21/B1 biegt er nach rechts auf einen Feldweg ein, von dem in einiger Entfernung ein Waldweg abzweigt. Tuchmacher fährt in den Wald hinein und parkt an der Wendeschleife sein Auto. Hier zerrt er das Opfer in den Wald hinein, setzt es gegen einen Baum, schneidet die Riemen vom Rucksack ab und fesselt die Frau mit den Händen nach hinten rücklings am Baum. Er bricht einen Ast ab und schlägt auf die gefesselte Frau ein. Er will sie wehrlos machen und dann entkleiden. Gefesselt lässt sich das Polo-Shirt nicht ausziehen. Tuchmacher löst die Riemen. Das nutzt

Anita Förster, um Hilfe schreiend, zur Flucht. Im Wald aber hört sie niemand. Um sich gegen den Täter zu wehren, der sie nach wenigen Metern eingeholt hat, zieht sie ihr Taschenmesser aus der Hosentasche und richtet die Klinge gegen ihn. Tuchmacher greift sich erneut einen Ast und schlägt Anita Förster das Messer aus der Hand. Noch einmal kann sie Reißaus nehmen. Tuchmacher hat noch Zeit, das Messer vom Waldboden aufzuheben, dann hastet er hinter dem Opfer her. Als er es erreicht, sticht er von hinten zu, verletzt es an Rumpf und Beinen. Das Opfer geht zu Boden und wird vom Täter am Hals gewürgt. Danach rammt er das Messer mehrfach mit erheblicher Gewalt in die Brust und den Bauch und schlägt der bereits schwerverwundeten Frau mit einem dicken Knüppel über das Gesicht. Tuchmacher ist sich sicher, dass sie tot ist. Er zerrt sie an den Füßen in die Kiefernschonung und legt sie dort ab. Die Stelle, an der das passiert und die durch den Kampf stark aufgewühlt wird, ist gut 150 Meter von jener entfernt, an der er Anita Förster an einen Baum gefesselt hatte.

Ludwig Tuchmacher will sich an der leblos wirkenden Frau dennoch sexuell befriedigen. Er schiebt ihr das Unterhemd über die Brust, öffnet den Reißverschluss der Hose und greift ihr im Genitalbereich in den Slip. Wann und wie das Sperma an den Slip gekommen ist, lässt die Anklageschrift offen. Nach Erkenntnissen der Experten des Landeskriminalamtes Brandenburg handelte es sich um frische Sperma-Spuren, die also zeitnah zum Tatgeschehen übertragen worden sind.

Nach der Tat will Tuchmacher das Opfer gänzlich unkenntlich machen. Er holt aus dem Auto einen Kanister und schüttet Benzin über den Körper. Anzünden kann er es nicht mehr. Bienenzüchter Süss, der am frühen Morgen nach seinen Honigsammlerinnen sehen will, stört ihn in seinem Vorhaben.

Die Hauptverhandlung findet an fünf Tagen im März und April 2005 vor der 2. Großen Strafkammer des Landgerichts Frankfurt (Oder) statt, die mit drei Richtern und zwei Schöffen besetzt ist. Ludwig Tuchmacher schweigt vor Gericht beharrlich. Er bestätigt lediglich seinen Namen und das Geburtsdatum. Weitere Angaben zu seiner Person und zur Tat selbst macht er nicht. Das Gericht folgt im Wesentlichen den Aussagen des Angeklagten, die er nach seiner Festnahme bei der Polizei gemacht hatte, bevor er sich zum Schweigen entschloss. Letztlich sei es dem Angeklagten nicht zu widerlegen, dass es vor der Tat einvernehmlichen Geschlechtsverkehr mit dem späteren Opfer gab. Nicht zuletzt deshalb verurteilt das Gericht Ludwig Tuchmacher nicht wegen Mordes. Es wertet die Tat als Totschlag und spricht eine Freiheitsstrafe von fünfzehn Jahren aus. In diesem Strafmaß enthalten ist die noch nicht verbüßte, weil zur Bewährung ausgesetzte Reststrafe aus dem Urteil wegen der Tötung von Michaela Rudys. Das Gericht räumt in seiner Urteilsbegründung ein, dass der Angeklagte gemäß Strafgesetzbuch der DDR einen Mord begangen hat. Es wendet dennoch das Strafgesetzbuch der BRD an und verurteilt ihn nur wegen Totschlags. Unter diesem Gesichtspunkt ist das BRD-Gesetz das mildere. »Dem Angeklagten ist die Verwirklichung von Mordmerkmalen nicht nachzuweisen, so dass die Tat nach bundesdeutschem Recht als Totschlag zu bewerten ist. Mangels sicherer Feststellungen zu den, den Angeklagten leitenden Motiven und Absichten bei der Tatbegehung ist ein Mord zur Befriedigung des Geschlechtstriebes, aus niedrigen Beweggründen oder zur Verdeckung einer Straftat nicht nachzuweisen«, heißt es in der Urteilsbegründung.

Der Bundesgerichtshof bestätigt im Januar 2006 dieses Urteil und weist die Revisionsanträge der Staatsanwaltschaft und der Verteidigung ab.

Wie schon beim Tötungsverbrechen an Michaela Rudys bestreitet Ludwig Tuchmacher jede Schuld am Tod von Anita Förster.

Im Zusammenhang mit Anträgen zur vorzeitigen Haftentlassung werden im Oktober 2006 und im Mai 2010 von Experten für Forensische Psychiatrie umfangreiche Gutachten erstellt. In beiden Gutachten wird für Tuchmacher wegen hoher Rückfallgefahr eine schlechte Kriminalitätsprognose gestellt. Einer der Gutachter kritisiert, dass die Gerichte in beiden Fällen bei ihren Urteilen die denkbar mildeste Lesart der Geschehnisse zugrunde gelegt hätten. Tuchmacher halte sexuelle Übergriffe auf Frauen und auch Tötungsdelikte für seine Privatangelegenheit, über die er keine weiteren Auskünfte zu geben bereit ist. Der Gutachter kritisiert die von beiden Gerichten festgeschriebene Theorie, nach der Männer Frauen töten, wenn sie von Frauen gekränkt werden, wenn Frauen Männer nicht heiraten oder nicht noch mal Sex in freier Natur mit ihnen haben wollen. Dieses Gutachten wird von Tuchmacher mit heftigem Protest aufgenommen. Er fühlt sich durch die darin geäußerte Ansicht verleumdet, dass es sich bei den Tötungsdelikten um Morde zur Verdeckung von Vergewaltigungen gehandelt hat, und stellt Strafanzeige gegen den Arzt. Recht bekommt er dabei nicht.

Ludwig Tuchmacher wird im September 2010 auf Bewährung aus der Haft entlassen und für fünf Jahre unter Führungsaufsicht gestellt. Im Juli leitet die Staatsanwaltschaft Leipzig unter dem Aktenzeichen 244 Js 34977/04 V ein Ermittlungsverfahren gegen Tuchmacher wegen Nachstellung einer Frau ein. Der Ausgang des Verfahrens ist nicht bekannt.

Tuchmacher soll jetzt in Thüringen wohnen, zum vierten Mal verheiratet sein und einen Internet-Handel betreiben.

Nachwort

Dass es in der DDR Mord und Totschlag gab, ist hinlänglich bekannt. Mehr als ein Vierteljahrhundert nach der Wende und der Wiedervereinigung Deutschlands ist das Interesse an dem, was geschehen ist, an den Motiven und Hintergründen von Kapitalverbrechen noch immer groß, weil die Öffentlichkeit von den Medien in der DDR in aller Regel nicht umfassend informiert worden ist. Bei zurückliegenden Buchlesungen ist es mir nach anregenden Diskussionen oft passiert, dass Verwandte, Bekannte, Freunde oder Arbeitskollegen von Opfern mehr Details über bestimmte Verbrechen erfahren oder detaillierte Angaben zu persönlichen Daten oder von Tatorten erhalten wollten.

Aus Gründen des Persönlichkeitsschutzes konnte und kann ich diesen, oft verständlichen, Wünschen nicht nachkommen. Auch wenn ich mich wiederhole, muss ich, wie in meinen vier vorherigen Büchern, auch diesmal darauf hinweisen, dass die Namen von Tätern und Opfern, von Angehörigen, Zeugen und anderen Personen, die bei den Ermittlungen eine Rolle gespielt haben, frei erfunden sind. Namensgleichheiten sind zufällig, betroffene Personen sind mit den im Buch genannten nicht identisch. Ausgenommen sind Experten, die zu Personen der Zeitgeschichte wurden und aus früheren Veröffentlichungen bekannt sind. Fanden die Verbrechen in kleineren Gemeinden mit einer überschaubaren Einwohnerzahl statt, habe ich die Ortsangaben anonymisiert. Gleichwohl ist mir bewusst, dass die Verfremdung bei authentischen Kriminalfällen nicht vollständigen Schutz gewährleisten kann.

Das in diesem Buch Beschriebene hat sich, was Taten und Tatabläufe angeht, so abgespielt und ist letztlich in den Urteilen verschiedener gerichtlicher Instanzen als die Wahrheit dokumentiert. Die Dialoge im Buch entsprechen dem Inhalt der Aussagen von Beteiligten, wie sie in Ermittlungsprotokollen notiert wurden. Sie sind nicht in allen Fällen als Originalzitate zu verstehen, sondern sind aus unterschiedlichen Gründen als Stilmittel oder aus Gründen des Persönlichkeitsschutzes zum Teil nachempfunden. Dem Inhalt nach sind sie jedoch authentisch.

Auf Wertungen und Kommentare zu den Ermittlungen und zu Urteilen habe ich bewusst verzichtet. Die überlasse ich Ihnen, den Leserinnen und Lesern.

Bei den Fällen »Kopfschuss« und »Pfählung« habe ich intensiv darüber nachgedacht, ob sie wegen ihrer Besonderheiten in dieses Buch passen. Aus präventiven Erwägungen heraus habe ich mich zur Veröffentlichung entschieden. Eine selektive Auswahl der Kriminalfälle nach Tatmotiven habe ich jedoch nicht vorgenommen.

Am Ende von Nachbemerkungen ist immer die Zeit gekommen, Danke zu sagen all denen, die am Zustandekommen des Buches Anteil haben. Die Liste wäre lang, am Ende wäre sie dennoch unvollständig. Ausdrücklich hervorheben möchte ich jedoch die unbürokratische Unterstützung durch die Generalstaatsanwaltschaft des

Landes Brandenburg, die anregenden Diskussionen mit anerkannten Juristen und die Hilfe von Mitarbeiterinnen und Mitarbeitern der Behörde.

Danke Ihnen und Euch allen!

Wolfgang Swat

Anhang

Um Interessenten die Recherche für eine wissenschaftliche Aufarbeitung zu erleichtern, sind nachfolgend den einzelnen Kriminalfällen jeweils Aktenzeichen von Urteilen der Gerichte und der Staatsanwaltschaften zugeordnet.

Legende:

Aktenzeichen: Az; Landgericht: LG; Bezirksgericht: BG; Kreisgericht: KG; Staatsanwaltschaft: StA; CB: Cottbus, P: Potsdam, FFO: Frankfurt (Oder), Hy: Hoyerswerda

Titel	Aktenzeichen	Ort
Der Frauenschwarm	1 Ks 62/91	BG P
	131-13-90	StA P
Der Fetischist	I BS 17/72	BG FFO
	131-43-72	StA FFO
Der Zuhälter und sein Mädchen	I BS 24/74	BG P
Grausames Spiel	I BS 2/82	BG FFO
	131-127-81	StA FFO
	21 KS 9/06	LG CB
	1560 Js 6656/06	StA CB
Tödlicher Dreier	31 S 78/83	KG CB StA
	131-418/82	CB-Stadt

Der Trabi-Mord	20 Ks 9/93	LG CB
	15c Js 46/92	StA CB
Pfählung	08 S 94/82	KG Hy
	131-6/82	StA CB
Scheidung	001 BS 6/85	BG CB
	131-74/84	StA CB
Die Schneeleiche von Lübbenau	001 BS 17/83	BG CB
	121-9/83	StA CB
Kopfschuss	Tgb-Nr. 789/85	BdVP CB
Mordattacke im »Meurostolln«	001 BS 8/87	BG CB
	131-20/87	StA CB
Habgier	1. Ks 601	BG P
	131-2-90	StA P
Der Phantom-Mord	22 Ks 1/05	LG FFO
	244 Js 34977/04	StA FFO
	25 Ks 2/94	LG FFO
	10 Js 167/93	StA FFO